MEDITATION OHNE GEHEIMNIS

Ayya Khema

Ayya Khema

MEDITATION OHNE GEHEIMNIS

THESEUS-VERLAG ZÜRICH

Illustration auf der Umschlag-Vorderseite:
Sitzender Buddha, Gandhāra/Pakistan
3./4. Jh. n. Chr., grauer Schiefer
Privatsammlung Berlin

Umschlaggestaltung: Eugen Bisig
© Umschlagfotografie: Helmut Uhlig, Berlin
Herstellung: Buchdruckerei Holzer, Weiler/Allgäu
3. Auflage 1994
Printed in Germany
ISBN 3-85936-023-X

Meditation ohne Geheimnis ist aus *Dhamma*-Vorträgen entstanden, die *Ayya Khema* 1987 im Rahmen ihrer Meditationskurse gehalten hat. Sie wurden auf Tonband aufgenommen und von mir transkribiert und in die hier vorgelegte Form gebracht.

Freiburg, Mai 1988 *Margot Unterberg*

Willkommen sei mir ein einsichtiger Mann,
offen, ehrlich, von grader Natur.
Ich leite ihn zu den Übungen schrittweise an.
Ich zeige die Wahrheit ihm auf.
Wenn er nach der Anleitung sich einübt,
so wird er in nicht langer Zeit selber erfahren, selber sehen.
Dann ist er, wahrlich, von allen Banden frei:
von den Banden des Nichtwissens.

Worte des Buddha (M 80)
(übersetzt von *Paul Debes*)

Inhalt

Widmung

Dieses Buch ist allen meinen Lehrern, Schülern, Freunden und Nicht-Freunden gewidmet. Sie alle haben mir auf dem Pfad der Erkenntnis geholfen, das Ich für etwas weniger wichtig anzusehen.

Möge ihnen dieses Buch Freude machen.

Am Bodensee
April 1988 *Ayya Khema*

I. Wozu meditieren? oder: Meditation ist kein Hobby

Wer noch gar nicht oder nur selten meditiert hat, kennt seinen eigenen Geist noch nicht. Viele verbinden mit „Meditation“ die Vorstellung, sie führe einen in irgendwelche fremde Regionen und jeder erlebe sie auf seine ganz persönliche Weise. So ist es aber nicht.

Der menschliche Geist hat, soweit er das ist, was wir „normal“ nennen, gewisse Eigenschaften, die für jeden Menschen gelten, und die Meditation ist ein vom Buddha klar und genau erklärtes Gebiet des Geistes, das jeder beschreiten kann, und jeder kommt zu den gleichen Ergebnissen, vorausgesetzt, er bemüht sich. Es ist nie irgendeine ungeahnte, verworrene oder persönliche Erfahrung, es ist eine Schritt für Schritt kommende Klärung. Die Erfahrung ist universell. Andernfalls wäre es unmöglich, Meditation zu lehren. Der Lehrer wüßte ja nicht, was sein Schüler erfahren hat oder kann.

Diese Erfahrungen und schrittweise kommenden Klärungen hat der Buddha genau beschrieben, man kann sie nachlesen. Das ist für den hilfreich, der die Erfahrung bereits gemacht hat: Er findet sein eigenes Erleben bestätigt. Vorher sollte man nichts darüber lesen; man würde nur vorläufig unerfüllbare Erwartungen hegen und notwendigerweise enttäuscht sein.

Dennoch halte ich es nach all den Jahren meiner Lehrtätigkeit inzwischen für unumgänglich nötig, diese Schritte im vorhinein zu erklären, um mit der falschen Vorstellung aufzuräumen, es gebe eine persönliche Erfahrung, zu der man irgendwie kommt und die dann in ein persönliches Erlebnis mündet.

Vielleicht habt auch ihr, wenn ihr zu Hause für euch allein zu meditieren pflegt, die eine oder andere dieser Erfahrungen bereits gemacht, ohne zu wissen und zu verstehen, worum es sich handelt. Um mit Erfolg zu meditieren, muß man jedoch wissen, was man tut. Wie könnte sonst etwas daraus werden?

Ob ihr indes schon jahrelang meditiert oder gestern erst angefangen habt, macht im Grunde keinen Unterschied. Denn wir müssen an jeden Augenblick herangehen, als wäre er noch nie geschehen. Nur dann können wir eines Tages die absolute Wahrheit hinter jedem Augenblick entstehen sehen, anstatt uns mit der relativen Wahrheit, in der wir leben, noch länger zufriedenzugeben. Das ist *Anfängergeist.* Mit diesem Anfängergeist können wir uns in der Meditation selber erkennen. Wir sind mittlerweile so an uns gewöhnt, an unsere Gedanken, Gefühle, Reaktionen, Prinzipien, Meinungen, Charaktereigenschaften, daß es uns beinahe unmöglich ist zu erkennen, was wirklich in uns vorgeht.

Es kommt vor allen Dingen auf *Achtsamkeit* an, im Alltag genauso wie in der Meditation, und das bedeutet, mit alten Gewohnheiten zu brechen, nichts mehr so zu akzeptieren, wie wir es bisher getan haben. Es ist zweifelsohne auch viel interessanter, sich selber zu beschauen, als sehe man sich zum erstenmal. Aber es ist auch schwierig, gerade weil es so neu für uns ist.

Auf keinen Fall dürfen wir an die Meditation mit Wünschen und Erwartungen herangehen, denn die bringen nichts weiter als *dukkha*.

Dukkha ist ein Begriff, ohne den wir in der buddhistischen Lehre nicht auskommen. *Dukkha* bedeutet alles, was nicht zufriedenstellend ist, uns nicht beglückt, uns unerfüllt läßt, Leid erregt; man kann *dukkha* auch mit *Existenzangst* übersetzen.

Wünsche sind der einzige Grund für *dukkha.* Das muß man selber erfahren, sonst glaubt man es entweder nicht oder hat nichts davon, weil man nicht fähig ist, die Wünsche fallenzulassen. Falsche Erwartungen können so weit gehen, daß man sich einredet, man eigne sich nicht für die Meditation, es müsse doch etwas geben, das einfacher und besser funktioniert.

Wünsche und Erwartungen sind auf etwas aufgebaut, das nicht der Realität entspricht, sondern einer Phantasie oder Hoffnung entspringt. Wir wollen aber die Realität kennenlernen; in des Buddha Worten: *„die Dinge so sehen, wie sie wirklich sind"*. Das ist ganz anders als wir gewohnt sind, sie zu sehen, und dazu brauchen wir die Meditation.

Der gewöhnliche Geist, der sich mit den gewöhnlichen Geschäften des Alltags abgibt, ist nicht in der Lage, die absolute Wirklichkeit hinter der Relativität zu erkennen. Der Geist muß also ganz neue Fähigkeiten lernen. Wie weit sie gehen, hängt davon ab, wie geübt wir bereits sind, wie gut unser *Karma* ist, wie stark unsere Entschlußkraft und wieweit wir überhaupt in der Lage sind, dem zu folgen, was der Wille sagt, aber der untrainierte Geist verneint. Wir müssen ständig neu anfangen. Diejenigen, die bereits meditiert haben, wissen, was das bedeutet.

Der Buddha hat nie gesagt, wir sollten unsere Vernunft beiseite schieben oder unseren Geist nicht mehr gebrauchen. Auch das ist ein Trugschluß, der oft gemacht wird. „Man soll doch nicht denken!" Das schon, aber der Geist besteht nicht nur aus Denken. Er hat viele andere Fähigkeiten, und alle sind nötig. Er kann sogar erleuchtet werden. Erleuchtung geschieht im Geist.

Er muß also benutzt werden, und zwar in einer Art und Weise, die ihn so präpariert, daß er eines Tages wirklich erleuchtet werden kann. Meditation hat nur diesen einen Zweck: die Erleuchtung. Daß sie nicht gleich kommt, ist selbstverständlich. Daß auf dem Wege dorthin anderes kommt, ist auch selbstverständlich.

Es kommen angenehme Gefühle, leider auch unangenehme, es kommt Freude, und sehr oft kommt noch etwas anderes: eine Beschleunigung der *Karma*-Resultate.

Wenn ihr euch in die Meditation wirklich hineingebt, kann es euch passieren, daß ihr auf unangenehme Resultate stößt, und zwar viele auf einmal. Durch das Meditieren und die Klärung, die damit verbunden ist, beeilen sich die schlechten *Karma*-Resultate, die jeder gemacht hat, sonst wären wir nicht Menschen. Sie kommen zu einem, damit man die *Hindernisse* und Blockaden einmal loswird.

Unsere ewigen Entschuldigungen hat der Buddha so formuliert: „Der Narr sagt, ‚es ist zu früh‘ oder ‚es ist zu spät‘. Der Narr sagt, ‚es ist zu heiß‘ oder ‚es ist zu kalt‘. Der Narr sagt, ‚ich fühle mich zu krank‘. Der Narr sagt, ‚ich bin zu voll‘ oder ‚ich bin zu leer‘.“

Wir haben noch viel mehr Ausreden: „Ich kann nicht so früh aufstehen“, „die Kinder machen zuviel Lärm“, „mein Beruf steht mir im Wege“, „ich habe Schmerzen hier und Schmerzen da“ – all diese Blockierungen sind karmische Resultate, die uns davon abhalten wollen, auf einem geraden Weg zur Erleuchtung zu kommen. Dagegen hilft nur eines: mit Entschlußkraft weitermachen! Denn nur die Meditation kann uns von diesen Hindernissen befreien.

Meditieren bedeutet nämlich eine *Heilung des Geistes.* Diese Heilung müssen wir selber an uns vollziehen, kein anderer kann es für uns tun. Obwohl uns das einleuchtet, versuchen wir doch, uns auf andere zu verlassen, unseren Meditationslehrer, den Buddha, Bücher oder sonst irgend etwas, das von außen kommen soll, wie eine Arznei, die uns der Arzt verschreibt und die wir nur zu schlucken brauchen, um gesund zu werden. Das geht beim Geist nicht. Wir müssen uns von innen her selber heilen – und können es auch, jeder hat die Fähigkeit dazu.

Menschen kommen aus ganz unterschiedlichen Gründen zur Meditation. Viele erhoffen sich ein angenehmeres Leben, was eines Tages auch der Fall sein wird, wenn die Meditation Ruhe und Freude mit sich bringt. Aber der Weg dorthin führt eben auch über Hindernisse, darüber muß man sich klar sein. Sperrt euch nicht dagegen oder gebt gar anderen die Schuld. Die Hindernisse, die ihr bei der Meditation erlebt – jeder erlebt sie –, sind genau das, was ihr heilen könnt. Sie sind nämlich aus dem entstanden, was an Unheilsamem in jedem verborgen liegt.

Wenn ihr nun bei dieser Schau nach innen etwas entdeckt, das euch nicht gefällt, gibt es nur eines: es anschauen, akzeptieren und prüfen, ob und wie ihr es ändern könnt. Es ist kein Grund, an sich selber Kritik zu üben, denn sich selber kritisieren heißt auch andere kritisieren. Kritik ist immer unnützer Energieverschleiß.

Wenn man etwas in sich erkennt, das nicht heilsam ist, kann man dafür dankbar sein, daß man es erkannt und eine Möglichkeit gefunden hat, an sich zu arbeiten. Tadelt man sich indessen für seine Negativitäten, wird man nur frustriert und deprimiert, und dann ist keine Energie übrig, sich zu ändern.

Erkennen, nicht tadeln – und wenn irgend möglich ändern heißt die Formel.

Es gibt zwar eine Unzahl *Meditationsmethoden* – ich komme im nächsten Kapitel darauf zu sprechen –, aber es gibt doch nur *zwei Richtungen der Meditation.* Es ist wichtig, das stets im Auge zu behalten. Beide Richtungen laufen parallel, vergleichbar einem zweispurigen Weg.

Die eine ist *Ruhe (samatha),* die andere *Klarblick/Einsicht (vipassanā).*

Sāriputta, der größte Jünger des Buddha, hat einmal gesagt: Alle seine Schüler, die Erleuchtung vor ihm bestätigt haben, haben sie auf einem der drei Wege erlangt: Entweder hatten sie erst Einsicht und dann Ruhe oder erst Ruhe und dann Einsicht oder beides gleichzeitig und parallel praktiziert.

Auch wir praktizieren beides parallel, denn es ist leider kaum jemals einem Menschen vergönnt, sofort zur Ruhe oder sofort zum Klarblick zu kommen. Aber ein bißchen Einsicht bringt ein bißchen Ruhe und umgekehrt.

Das heißt, wir müssen uns darin üben, den Geist zur Ruhe zu bringen und Klarblick zu schaffen, müssen erst einmal im Geist aufräumen, damit er nicht länger aussieht wie eine Baustelle.

Ruhe erlangen wir dadurch, daß wir mit der Konzentration auf dem *Meditationsobjekt* bleiben. Ein ganz einfacher Satz.

Jeder, der es schon probiert hat, weiß, daß er die Wahrheit, nämlich Schwierigkeit, absolut nicht beschreibt.

Die Schwierigkeit liegt darin, daß der Geist gewöhnt ist zu denken – seit wir auf der Welt sind und schon viele Leben zuvor. Wir kennen den Geist gar nicht anders als aus Gewohnheit denkend. Solange er denkt, kann er natürlich nicht zur Ruhe kommen. Aber nur ein beruhigter Geist ist in der Lage, objektiv klar zu sehen, ohne emotionell zu reagieren.

Die Ruhe-Meditation ist das Mittel zum Zweck, der Zweck ist Klarblick. Er ist immer auf das gerichtet, was der Buddha die *drei Charaktereigenschaften des ganzen Universums* genannt hat, nämlich *Unbeständigkeit (anicca), Leidhaftigkeit (dukkha)* und *Substanzlosigkeit, Leere (anattā),* die in letzter Essenz immer die *Ich*losigkeit bedeutet.

Die Ruhe-Meditation ist dazu ein unerläßliches Mittel, ohne sie geht es einfach nicht, auch wenn man sich das einreden möchte oder gehört oder gelesen hat. Man kann es mit dem Meer vergleichen. Wo die Wellen hochschlagen, kann man nicht auf den Grund schauen. Wenn die Wellen geglättet sind, kann man erkennen, was unter dem Meeresspiegel zu finden ist. Die Wellen, die in einem selber hochschlagen, sind die Gedanken und Gefühle. Gedanken laufen hin und her, Gefühle verstricken uns in die Leidenschaft des entweder Haben- oder Loswerdenwollens. Mit einem derart wogenden Geist ist es unmöglich, in die Tiefe zu schauen; man kann sich mit knapper Not vor dem Ertrinken retten.

Die Lehre des Buddha geht in die absolute Tiefe, in der es keine Gegensätze mehr gibt. Um das erkennen zu können, muß Ruhe walten. Wenn man nicht zu dieser Ruhe kommen kann, muß man so lange daran arbeiten, bis sie kommt, und *arbeiten* heißt täglich und mit Nachdruck und nicht, wenn es einem gerade einmal beliebt. Meditation ist nicht eine Art Hobby, das man so nebenbei betreiben kann, damit sie einem den Alltag ein bißchen erleichtere. Es gibt nur einen vernünftigen Grund zu meditieren: in die Tiefe schauen und erkennen können, wozu wir auf der Welt sind.

Daß der Alltag dadurch leichter wird, weil viele von den Schwierigkeiten, die man bisher mit sich herumgeschleppt hat, automatisch von einem abfallen, ist ein angenehmer und auch wünschenswerter Nebeneffekt, mehr nicht.

Fragen und Antworten

Wenn man intelligent wiedergeboren werden will, muß man viel fragen. (Buddha)

Frage (= F): Darf ich fragen, was der Name *Ayya Khema* bedeutet?
Antwort (= A): *Ayya* ist eine Höflichkeitsanrede und heißt *verehrte Dame; khemā* heißt *Sicherheit* und ist ein Synonym für *Nibbāna.*

F: Ab welchem Alter empfiehlst du zu meditieren? Hat der Buddha etwas gesagt, ob Kinder meditieren sollen?
A: Der Buddha hat das nicht direkt gesagt, aber er selber ist im Alter von zwölf Jahren spontan in die erste Vertiefung gegangen, das ist überliefert. Sein Sohn war sieben, als der Buddha als Erleuchteter nach Hause kam; es ist anzunehmen, daß er dann auch angefangen hat zu meditieren. Ich kann mich sogar, das ist aber eine Ausnahme, an eine Dreijährige erinnern, die mit ihren Eltern meditiert hat, im Lotussitz. Fast alle Kinder können mühelos im Lotussitz sitzen. Siebenjährige habe ich in der Weise angeleitet, daß ich ihnen Atembetrachtung und Liebende-Güte-Meditation erklärt habe. Die letztere haben Kinder übrigens besonders gern. Beim ersten Mal genügen vielleicht fünf Minuten. In Sri Lanka habe ich auch manchmal in Schulen Meditation gelehrt, dort waren es Zwölf- und Vierzehnjährige.

Wenn die Eltern meditieren, sind die Kinder neugierig und wollen es auch. Wenn ein Kind fragt, soll man sowieso antworten. Von sieben Jahren ab können sie ja auch alles verstehen.

F: Wir meditieren regelmäßig mit einer Gruppe Christen und wechseln uns darin ab, vor der Gruppe eine kurze Einführung zu geben. Was würdest du Christen über Meditation sagen?
A: Dasselbe, was ich euch sage; ich weiß nichts anderes.

Das mystische Erlebnis von Meister Eckhart, so wie ich es verstanden habe, deckt sich vollkommen mit dem Buddha. Er hat sogar einen zwölffachen Pfad, wogegen der Buddha einen achtfachen Pfad lehrt. Von Teresa von Avila habe ich den Vergleich der meditativen Vertiefungen mit acht Zimmern im selben Haus übernommen; darüber werde ich später noch sprechen. Teresa hat gebetet, nicht meditiert, und trotzdem dasselbe erlebt. Das Haus mit acht Zimmern ist der Palast des Königs, Gottes, Christus', dessen Schönheiten hat sie erlebt. Das ist ihre Bildhaftigkeit und ihre Terminologie. Ich habe mir einmal die Mühe gemacht, sie in unsere zu übersetzen, es kommt genau das gleiche heraus.

Meister Eckharts Sprache und Bildhaftigkeit ist für uns nicht einfach zu verstehen; dennoch kann man klar erkennen, daß er dieselben Erlebnisse hatte.

Wenn sich der Geist erhoben hat von der gewöhnlichen Ebene, auf der er einkaufen geht und Auto fährt, auf eine Bewußtseinsebene, wo er das Innere erlebt, sind sie alle gleich, ob christlich oder buddhistisch, dann treffen wir uns alle am gleichen Platz.

Ich liebe eigentlich das Vergleichen nicht, weil wir dann sehr oft auf die Dualität von gut und schlecht kommen. Ich versuche immer das zu finden, wo wir einander gleich sind. Auf der menschlichen Ebene geht das meistens schief. Man muß eine Stufe höher gehen, sich aus der gewöhnlichen Bewußtseinsebene herausheben.

In Indonesien hatte ich einmal Gelegenheit, mit einer holländischen Karmeliterin über ihre Praxis zu sprechen. Sie erklärte mir vier Stufen ihres Gebets. Die erste ist Hingabe an Jesus Christus. Auf der zweiten versucht sie sich vollkommen mit ihm zu identifizieren, also ihr *Ich* aufzugeben. Auf der dritten Stufe stand sie zum Zeitpunkt unseres Gesprächs. Sie versucht, Jesus Christus durch sie schalten und walten zu lassen, ständig seine Präsenz zu behalten. Auf der vierten Stufe ist es dann erreicht, daß das *Ich* aufgegeben ist und nur noch Jesus Christus existiert, der durch diesen Menschen waltet.

Sie nennt es in ihrer Sprache Gebet, in meiner sind es Meditationsstufen. Ich glaube, das Resultat ist das gleiche. Es geht um das Aufgeben des *Ich*, nur daß im Christentum dann ein anderer schaltet und waltet, eine Figur der Vision.

II. Meditationsmethoden

Es gibt unendlich viele Meditationsmethoden, und wenn ihr genügend Zeit habt, könnt ihr sie alle ausprobieren; ein Menschenleben ist aber zu kurz dafür. Eine Methode ist nichts weiter als eine Methode, sie ist nicht die Meditation. Meditieren fängt an, wenn die Methoden aufhören. Aber irgendeine Methode braucht man, um zur Meditation zu kommen. Sie ist sozusagen der Haken, an den wir den Geist hängen können.

Ich beschränke mich auf die Methoden, die mir am günstigsten vorkommen. Das heißt keineswegs, es gebe nicht andere, die auch günstig sind. Man kann aber unmöglich in so kurzer Zeit eine Methode nach der anderen lehren und lernen; es käme nur noch mehr Verwirrung in den Geist.

Man bleibt also bei einigen Methoden und wählt solche, die einander ergänzen, wie zum Beispiel die *Atem-Meditation* und die *Achtsamkeit auf die Gefühle,* die *Liebende-Güte-Meditation* und *Geh-Meditation*, die schon allein körperlich notwendig ist für diejenigen, die im Sitzen noch nicht so geübt sind. Hinzu kommt die *Kontemplation.*

Alle Methoden und Richtlinien sind bloß die Werkzeuge, mit denen wir arbeiten, nicht das vollendete Bauwerk. Jeder hat seinen eigenen Weg zu finden, welche er kombiniert, welches Werkzeug er bevorzugen wird. Es sollte das sein, mit dem man am schnellsten und einfachsten zur Konzentration kommt. Es hat keinen Sinn, sich lange damit abzugeben, Konzentration zu erlangen. Denn das Werkzeug ist nichts als der Schlüssel. Zunächst gilt es, die Tür mit dem Schlüsselloch zu finden.

1. Atem-Meditation

Am Anfang ist unser *Meditationsobjekt* der *Atem.*

Der Atem ist traditionell ein sehr günstiges Meditationsobjekt, weil ihn jeder sowieso bei sich hat, er Leben bedeutet, die einzige autonome und auch manipulierbare Körperfunktion ist. Wir können den Atem zwar nicht abstellen, aber zum Beispiel anhalten oder verlängern. Atmen ist also eine Körperfunktion, die Möglichkeiten bietet, den Geist darin zu erkennen.

Wenn wir den Atem als Meditationsobjekt benutzen, haben wir verschiedene Arten der Betrachtung zur Auswahl.

Die erste ist, ihn nur an der Nasenspitze zu empfinden, an den Nasenlöchern oder direkt unter der Nase über der Oberlippe. Der Atem macht Wind, und der Wind verursacht auf der Haut ein Gefühl, das uns hilft, uns an dieser Stelle zu konzentrieren. Es ist ein ganz kleiner Punkt, der kleinste und feinste, so daß die Achtsamkeit einspitzig wird.

Sich auf den Atem konzentrieren heißt den Geist in den Atem fallen lassen. Versucht nicht, etwas Besonderes mit dem Atem zu machen, wie schnaufen oder ganz tief atmen.

Es kommt oft vor, daß Anfänger den Atem erst einmal gar nicht finden können; sie sind es nicht gewöhnt, auf den Atem zu achten. In dem Fall sind ein oder zwei tiefe Atemzüge zu Beginn der Meditationssitzung angebracht.

Für den Anfänger kann es ferner hilfreich sein zu zählen: *eins* beim Ein- und *eins* beim Ausatmen; *zwei* beim Ein-, *zwei* beim Ausatmen; nicht weiter als bis *zehn*, dann wieder bei *eins* beginnen.

Geht auch jedesmal zu *eins* zurück, wenn die Gedanken von der Meditation abgeschweift sind, und überlegt nicht, bei welcher Zahl ihr stehengeblieben wart. Das würde das Denken erst recht in Gang bringen. Da unser Geist nicht trainiert ist, kommt er leicht in eine Bahn, die ihn von außen berührt.

Als dritte Möglichkeit kann man den Atem so weit hinein- und herausverfolgen, wie man ihn erkennen kann, zum Beispiel bis zur Lunge oder bis zur Bauchdecke, wie sie sich hebt und senkt, oder im Hals, wo immer es sein mag, manchmal weit, manchmal weniger weit. Es ist zwar nicht einspitzig, aber hilfreich, weil es interessanter ist: Der Geist muß sich ein bißchen mehr engagieren, und da das seine Gewohnheit ist, bleibt er eher bei der Sache.

Wer gewohnt ist, das Auf und Ab der Bauchdecke zu beobachten, kann ruhig dabei bleiben. Ich lehre diese Methode nicht, weil ich die Bauchdecke als eine zu große Fläche empfinde. Für den Anfang ist sie insofern günstig, als man, wie beim Atem selber, genau die Details erkennen kann. Um die Achtsamkeit zu spitzen und die Unbeständigkeit klar zu erkennen, ist es nötig, Anfang, Mitte und Ende des Atems unterscheiden zu lernen. Im Alltag kümmert man sich ja nicht darum, ob der Atem am Anfang, in der Mitte oder am Ende ist. Auch bei der Bauchdecke können wir erkennen, wie sie anfängt sich zu heben, sich in der Mitte vollkommen gehoben hat und dann wieder senkt. Je mehr Details man unterscheiden kann, desto achtsamer ist man.

Achtsamkeit bedeutet etwas unter die Lupe nehmen und nicht alles so, wie es ist, für selbstverständlich ansehen.

Obwohl wir im Prinzip alle gleich sind, haben wir doch unterschiedliche Tendenzen und auch unterschiedliche Stärken. Mancher Menschen Geist ist mehr zur Ruhe geneigt, anderer mehr zum Nachdenken; der eine neigt zum Verbalisieren, der andere sieht die Welt in Bildern. Man sollte das, was erscheint, zum Erkennen benutzen, um es dann aber fallenzulassen.

Für einen Geist, der viel verbalisiert, ist es günstig, mit bestimmten Worten zur Ruhe zu kommen, zum Beispiel einem Mantra. Man suche sich ein Wort aus und benutze es zusammen mit dem Atem, zum Beispiel „Frieden“ einatmen und „Frieden“ ausatmen oder „Frie-“ ein- und „-den“ ausatmen. Oder „Liebe“ einatmen und „Liebe“ ausatmen beziehungsweise „Lie-“ ein- und „-be“ ausatmen.

Ein eher mathematischer Geist mag das bereits erwähnte Zählen hilfreich finden.

Einem Geist, der in Bildern wahrnimmt, verhilft vielleicht ein Bild zur Konzentration. Er kann zum Beispiel den Atem als eine Wolke wahrnehmen, die sich beim Ein- und Ausatmen vergrößert und verkleinert.

Ein Geist, der gewohnt ist, Geschichten zu erzählen, muß die Geschichte erkennen, fallenlassen und durch den Atem ersetzen.

Die Methoden sind individuell verschieden, nicht aber die Resultate; es gibt nur die beiden Richtungen *Ruhe* und *Einsicht/Klarblick*.

Es ist nötig, einmal in sich selber zu erkennen: Was ist meine Stärke, was kann ich wirklich? Kann ich den Geist ruhig halten und mich auf das Meditationsobjekt Atem konzentrieren? Oder brauche ich ein Wort oder Bild oder Zählen dazu? Oder muß ich erst einmal erkennen, was in mir vorgeht, und damit dann zur Ruhe kommen?

Alle aufgeführten Möglichkeiten sind gleich gut. Probiert aber nicht in einer einzigen Meditationssitzung alle nacheinander aus. Bleibt bei einer und gebt ihr erst einmal eine Chance. Bewährt sie sich nicht, ändert ihr in der nächsten Meditationssitzung die Methode.

Wenn wir ein Meditationsobjekt wie den Atem benutzen, müssen wir wissen, was wir mit der Atembetrachtung eigentlich bezwecken. Wir betrachten den Atem ja nicht, um den Atem zu betrachten, wie manche meinen. Wir betrachten den Atem, um zu Ruhe und/oder Einsicht zu kommen, aus keinem anderen Grund. Auf dem Atem bleiben bringt Ruhe. Den Atem als unbeständig erkennen bringt Einsicht. Wozu sonst sollte man den Atem betrachten? Er geht ja sowieso rein und raus. Indes zu sagen, „den Atem betrachten beim Atembetrachten" macht Sinn, denn es bedeutet, daß man nur eines auf einmal tut.

Das erste, was man mit der Atembetrachtung bezweckt, ist also zur Ruhe zu kommen, das heißt das Denken aufzugeben und nur zu erkennen, nur zu erleben. Den Atem erleben heißt: Wir können erleben, daß er ein- und ausströmt, ein Wind ist und dort ein Gefühl verursacht, wo er die Nasenlöcher berührt; wir können erleben, daß er manchmal länger und manchmal kürzer ist, ihn vielleicht bis zur Lunge, vielleicht bis zum Bauch, vielleicht auch nur bis zur Nase verfolgen. Wenn es uns gelingt, mit unserer Konzentration dabeizubleiben und nicht zu denken, kommt ein Gefühl der Problemlosigkeit, der Ruhe. Denn Probleme muß man denken, sonst hat man keine. Das beste ist immer, nur den Moment zu erleben, und der ist Atmen. Wird man von der Atembetrachtung abgelenkt, ist das einzige, was in diesem Moment außerdem existiert, das Sitzen. Der Geist kann also zu dem damit verbundenen Gefühl gehen: Hier sitzt eine Masse, die einen Druck von unten hat.

Störenfried: Ablenkende Gedanken

Wenn man nicht bei der Atembetrachtung bleiben kann, weil der Geist unruhig ist und abschweift, werden *Gedanken* kommen. Sie erkennen bringt Einsicht, so wie den Atem betrachten Ruhe bringt. Man muß von den Gedanken zurücktreten, statt sich mit ihnen zu identifizieren. Auf diese Weise lernt man kennen, von welcher Art sie waren: Zukunft oder Vergangenheit?

In beiden können wir nicht leben. Zukunft ist nichts als eine Hoffnung und ein Wunschtraum und ganz ungewiß. Die Vergangenheit ist ein- für allemal vorbei. Wir können nur den jeweils gegenwärtigen Augenblick benutzen, einen anderen haben wir nicht; er ist unser Leben.

Das ist etwas, was wir in der Meditation zu lernen haben.

Der erste Schritt, mit den Gedanken etwas anzufangen, ist zu wissen, daß sie da sind, statt einfach zu denken. Ob wir gehen, stehen, sitzen, liegen, vom Aufwachen bis zum Einschlafen denken wir; automatisch und instinktiv spielen wir unsere Gedankenspiele. Das ist ermüdend, energieraubend und unproduktiv.

Der Geist denkt, weil das seine naturgegebene Funktion ist, so wie ein lebender Körper atmet. Denken hat so, wie es ist, keine Richtung. Es ist ein Film, der pausenlos abläuft, alle Varianten kommen vor: Stummfilm in Schwarzweiß, Stummfilm in Farbe, Farbfilm mit Text, Schwarzweißfilm mit Text oder auch nur Text ohne Bilder. Solange er ohne jede Unterbrechung läuft, wissen wir gar nicht, daß es ein Film ist und eine Leinwand da ist, auf die er projiziert wird. Diese Leinwand ist sauber, weiß und ruhig. Wenn wir das erkannt haben, erscheint es uns wünschenswert, öfters eine Pause zu machen in diesem unaufhörlichen Ablauf des Gedankenfilms, der vom Hundertsten ins Tausendste geht und immer nur den Wunsch des Geistes erfüllt, gefüttert zu werden.

Kehrt, sobald ihr gewahr werdet, daß der Film läuft, auf euer Meditationsobjekt zurück.

Als erstes haben wir also von diesem Denken einen Schritt zurückzutreten und als neutraler Beobachter zu registrieren, daß Gedanken gekommen sind. Wenn sie nicht sofort wieder verschwinden und ihr zum Meditationsobjekt

Atem zurückkehren könnt, verseht jeden Gedanken mit einem *Etikett*, nennt das Kind beim Namen: „Zukunft", „Vergangenheit", „Erinnerung", „Widerwille", „Ablehnung", „Hoffnung", „Phantasie", „Träumerei", „Aufruhr", „Wünsche", „Selbstmitleid", „Unsinn", „Flucht", was immer, und kehrt zum Atem zurück. Gebt ihm den erstbesten Namen, der euch in den Sinn kommt, und versucht nicht, den treffendsten zu finden. Das würde nur neues Denken bedeuten.

Oder sagt „denken, denken", „nicht denken, nicht denken" oder „wozu denn denken" oder „schon wieder denken" oder „hör auf zu denken!"

Daß die Gedanken bald wiederkommen, ist eine andere Sache. Deshalb praktizieren wir beide Richtungen: zur Ruhe kommen, um beim Meditationsobjekt Atem bleiben zu können und ohne Denken und damit ohne Probleme zu sein, und das Denken einordnen, um zu wissen, was in unseren Gedankengängen eigentlich vor sich geht, im Alltag nicht anders als in der Meditation.

Ob wir in der Straßenbahn oder auf dem Meditationskissen sitzen, die Denkerei ist immer dieselbe. Wer in der Meditation erkennt, worum es sich beim Denken wirklich handelt, und es durch Atembetrachtung ersetzen kann, vermag auch im Alltag das ewige Denken einmal fallenzulassen und durch etwas zu ersetzen, das heilsam ist: Gefühle der Liebe, des Mitgefühls, der Mitfreude und vor allem des Gleichmuts.

In der Meditation lernen wir also das *Fallenlassen*, das *Loslassen* der Gedanken durch Erkennen und Ersetzen. Wenn man das einige Male getan hat, erkennt der Geist von selbst, daß Denken in der Meditation keinerlei Zweck erfüllt und ganz nutzlos ist, weil das, was hochkommt, weder Anfang noch Ende hat, vollkommen unbeständig und bedeutungslos ist. Das ist eine sehr wichtige Einsicht, vielleicht die wichtigste zu Beginn der Meditationspraxis.

Es hat keinen Sinn, Meditation als eine nebulöse Phantasiegestalt anzusehen, als etwas, das mal glückt und mal nicht. Meditation ist ganz gezielte Nachhilfe für den Geist, so daß er sich daran gewöhnt, problemlos durchs Leben zu gehen. Es ist im Grunde ganz einfach, man muß nur wissen wie. Fallenlassen, loslassen! Das Festhalten an den Gedanken ist vollkommen unnötig.

Es ist auch nicht von Nutzen, sich zu wünschen, zu hoffen oder zu erwarten, daß die Gedanken verschwinden. Nutzbringend ist nur, sie zu beobachten und zu erkennen. Wenn man nämlich als neutraler Beobachter seiner Gedanken sieht, wie sie hin- und hersausen und keine Festigkeit haben, ist es einfacher, sie fallenzulassen. Nur solange man sich in sie verspinnt und mit ihnen identifiziert, behält man sie.

Fallenlassen ist der Weg des Verzichts. Das spiritiuelle Leben ist ein Leben des Verzichts auf die weltlichen und in der Welt zu findenden Sinnesbefriedigungen, weil man eine ganz andere Befriedigung gefunden hat. Wenn wir also nicht einmal auf einen Gedanken verzichten können, wie dann eines Tages auf die Welt? Was wir ja am Ende unseres Lebens sowieso müssen.

Störenfried: Ablenkende Gefühle

Genauso störend wie Gedanken sind in der Meditation *Gefühle.* Es ist ganz natürlich, daß sich nach einiger Zeit des Stillsitzens vor allem beim Anfänger ein unangenehmes Körpergefühl bemerkbar macht, hervorgerufen durch die ungewohnte Sitzstellung. Diese Gefühle sind sehr wichtig, mit ihnen müssen wir arbeiten, statt unserer instinktiven Tendenz zu folgen, dem Schmerz auszuweichen, indem wir die Stellung wechseln.

Unsere instinktive und immer wiederkehrende Haltung allen unangenehmen Gefühlen gegenüber ist nämlich

Weglaufen, so schnell wie möglich, um sie loszuwerden. Aber wohin können wir überhaupt fliehen? Die Erde ist ja rund, wir kommen immer wieder zum Ausgangspunkt zurück: dem Impuls, vor dem unangenehmen Gefühl wegzulaufen.

In der Meditation werden wir gewahr, daß wir durch einen Berührungskontakt, nämlich das Sitzen auf der Meditationsmatte, ein Gefühl bekommen haben. Jeder Sinneskontakt ruft Gefühle hervor, und jeder, auch ein Erleuchteter, hat Gefühle. Durch das Gefühl, das entweder angenehm oder unangenehm oder neutral sein kann, kommt Mögen oder Nichtmögen. Als erstes geben wir dem Gefühl einen Namen, zum Beispiel „Schmerz". Dann fangen wir an nachzudenken. Das geschieht so automatisch, daß wir es gar nicht merken: „Loswerden!" – und schon bewegt sich der Körper.

Das müssen wir einmal unter die Zeitlupe nehmen:

Berührungskontakt – Gefühl, entweder angenehm oder unangenehm oder neutral, in unserem Fall unangenehm – Wahrnehmung sagt „Schmerz" – Gedanken sagen „Weg davon! Ich kann es nicht leiden".

In dem Moment haben wir schlechtes *Karma* gemacht – Gedankenformationen sind *Karma*formationen –, nicht nur weil es ein negativer Gedanke war, sondern weil wir unserem alten Muster gefolgt sind.

In der Meditation haben wir die Chance, aus dieser alten Gewohnheit herauszukommen und uns zu ändern. Wir können sehen: Es ist ein Gefühl, das ungerufen erschienen ist, andernfalls hätte ich es ja angenehm gemacht. Wieso nenne ich es also *mein*?

Wir können daraus den Schluß ziehen, daß Gefühle nur Gefühle sind und es uns freisteht, auf sie zu reagieren oder sie einfach fallenzulassen. In der Meditation ersetzen wir sie durch das Meditationsobjekt, im Alltag durch Gleichmut.

Wem das auch nur für eine Minute gelungen ist, merkt sofort, daß sich der Grad des Unangenehmen um mindestens die Hälfte reduziert hat. Leid wird nämlich erst durch Widerstand stark.

Gelingt es nicht, sich auf diese Weise von dem Gefühl abzusondern, kann man sich vollkommen darauf konzentrieren und so seine Veränderlichkeit kennenlernen. Es wird stärker oder schwächer, bewegt sich in sich, hat einen Anfang, eine Mitte, das heißt es bleibt eine Weile, und ein Ende. Wenn man sich ganz stark darauf konzentriert, verschwindet es oft von allein. Außerdem weiß man ja aus Erfahrung, daß es irgendwann sowieso wieder aufhört. Wozu also darauf reagieren?

Dieses unangenehme Gefühl kann ein sehr guter Lehrer sein und uns einmal ganz genau über unsere Reaktionen Klarheit gewinnen lassen.

Wenn dann der Geist sagt, „jetzt reicht es aber, jetzt ist das Gefühl zu unangenehm, ich muß mich umsetzen", gilt es zu erkennen, was der Geist gesagt hat, achtsam den Körper in eine andere Stellung zu bringen und zu akzeptieren, daß man sich von seinem eigenen *dukkha* hat besiegen lassen. Das ist völlig in Ordnung. Worauf es ankommt, ist das Erkennen – das Erkennen der Gefühle und unserer Reaktionen.

2. Achtsamkeit auf die Gefühle (Vipassanā-Meditation)

Der Name *Vipassanā* für diese Methode ist etwas unglücklich gewählt, weil *vipassanā Einsicht, Klarblick* heißt und sie natürlich nicht die einzige Methode zum Klarblick ist. Jede Meditationsmethode, die wert ist praktiziert zu werden, muß Einsicht/Klarblick bringen.

Die *Vipassanā* genannte Methode hat als ihre Grundlage die Gefühle, man kann sie auch *Achtsamkeit auf die Gefühle* nennen: körperliche Gefühle und Emotionen. Im allgemeinen Sprachgebrauch benutzen wir für beide das Wort *Gefühl*, aber hier müssen wir sie auseinanderhalten, um zu wissen, wovon die Rede ist.

Achtsamkeit auf beide Arten von Gefühlen ist von äußerster Wichtigkeit, weil unsere Gefühle unser Leben bestimmen. Denken ist von den Gefühlen abhängig und deshalb oft so verworren, weil die Gefühle verworren sind. Die Formel dafür ist:

Läuterung der Gefühle bringt Klarheit des Denkens.

Um der Gefühle Herr zu werden, muß man sie kennen, erkennen und – nicht reagieren. Ganz leicht gesagt, aber schwer getan.

Die *Vipassanā*-Methode, von der ich jetzt spreche, heißt *Stück für Stück*, weil sie Stelle nach Stelle den Körper durchgeht.

Ich möchte zunächst erklären, wozu die *Vipassanā*-Meditation *Stück für Stück* besonders geeignet ist und was sie uns bringen kann.

a) Den Gefühlen nahekommen

Das erste ist, daß wir den Gefühlen nahekommen. Da wir anhand unserer Gefühle und nicht unseres Denkens leben, ist es absolut notwendig, sie zu erkennen, und seien sie noch so unangenehm. Viele Menschen nehmen ihre Gefühle effektiv nicht wahr – wie unser Freund in der folgenden Anekdote, die ich immer wieder gerne erzähle:

Ein Assistent am Internationalen Meditationszentrum Rangoon (Burma) war dank der *Vipassanā*-Meditation seine schwere Migräne losgeworden. Er lud daraufhin einen Freund, der auch an Migräne litt, ins Zentrum ein, um ihn diese hilfreiche Methode zu lehren. Der Freund kam auch, man setzte ihn in eine Meditationszelle und gab ihm die nötigen Anweisungen. Zwei Stunden später schaute der Assistent nach ihm. Er fand ihn splitterfasernackt mitten in der Zelle sitzen.

„Wie ist es dir denn in der Meditation ergangen?"

„Ich habe überhaupt nichts gefühlt."

„Wieso bist du denn ganz nackt?"

„Ich habe derartig geschwitzt, ich mußte meine Sachen ausziehen, die liegen klatschnaß dort in der Ecke."

„Aber gefühlt hast du nichts?"

„Nichts!"

Es hat also keinen Sinn, nach besonderen Gefühlen zu suchen. Gefühle sind Gefühle. Die Konzentration ist der Grund, warum man sie wahrnimmt. Denn bei unseren alltäglichen Verrichtungen sind wir uns ihrer oft nicht bewußt. Da wir von unseren Gefühlen viel über uns lernen können, ist es sehr nützlich, sich mit ihnen zu befassen.

Alle Emotionen, die wir je in unserem Leben hatten, manifestieren sich, das heißt, sie sind ebensowenig unsichtbar wie unsere Gedanken, obwohl wir das annehmen. Sie setzen sich im Körper fest und erscheinen durch den Körper. Erst kommt die Emotion, zum Beispiel Angst, und dann zeigt es der Körper an: Uns stehen die Haare zu Berge.

Die meisten Menschen schenken nur solchen Gefühlen Beachtung, die ganz besonders angenehm oder ganz besonders unangenehm sind. Bei der *Vipassanā*-Methode ist die Achtsamkeit so geschärft, daß wir jedes kleinste Gefühl im Körper kennen- und zudem verstehen lernen, daß wir es nicht geschaffen haben. Gefühle haben also genauso ihr Eigenleben wie der Körper, dem wir leider auch nicht befehlen können, wie lange er jung und gesund zu sein hat, wir können allenfalls ein bißchen nachhelfen.

Da kommen zum Beispiel Gefühle an Körperstellen hoch, wo wir zuvor nie etwas gespürt haben, die uns fremd waren. Oder es kommen Emotionen hoch, die mit der Körperstelle nichts zu tun haben.

Gerade wegen ihrer starken Wirkung sollte die *Vipassanā*

Stück für Stück am Anfang nicht auf eigene Faust, sondern nur unter kundiger Anleitung geübt werden.

b) Reinigung von festgefahrenen Emotionen

Emotionen, die wir häufig haben, weil wir ja leider immer wieder nach dem gleichen Muster reagieren, lagern sich ganz besonders stark ab. Die sind dann unsere Verspannungen, die es uns schwermachen, zur Klarheit zu kommen, weil sie als Hindernisse in uns haften. Mit genügend konzentrierter Achtsamkeit können wir an verschiedenen Körperstellen Emotionen feststellen, zum Beispiel Ärger, Kummer, Mißmut, Ablehnung, Furcht. Es ist jedoch nicht nötig zu wissen, wieso eine Emotion sich in irgendeinem Körperteil abgelagert hat. Es ist nur wichtig, sie fallenzulassen, sonst können wir ja nicht weitermeditieren, sondern sitzen an derselben Stelle mit denselben Emotionen fest.

Wenn wir an eine Blockierung herankommen, die sich irgendwie zeigt, schwach oder stark, die sich anfühlen kann wie Eisen, wie Leder, wie ein Ball zum Beispiel, können wir sie durch Fallenlassen und Weitergehen loswerden, mitunter beim erstenmal, meistens nach einigen Wiederholungen. Läßt sich der Körper geschmeidiger und einfacher handhaben, hilft es unserem Geist, der ja immer auf die Gefühle re-agiert.

Hat ein Körperteil ganz besonders unangenehme Gefühle, was sehr häufig vorkommt, verfängt sich der Geist immer wieder in ihnen; man kann sein eigenes Leid nicht vollkommen loslassen. Das vermag ohnedies nur der Erleuchtete.

Aber wir können das Fallenlassen in der Meditation immer und immer wieder praktizieren, bis es uns zur zweiten Natur geworden ist. Dann erkennen wir unsere eigenen absurden Reaktionen als den Grund für unser Unglücklichsein. Keiner wird bestreiten, wie absurd zum Beispiel die

Umweltverschmutzung ist. Aber daß sie aus unseren eigenen absurden Reaktionen entstanden ist, will uns nicht in den Kopf. Sie ist nur ein Spiegel der Verschmutzung in uns selber.

Man kann sich mit Hilfe der Konzentration von Schmerzen befreien, bei genügend starker Konzentration sogar von Krankheiten – eine angenehme Auswirkung, aber keineswegs Sinn und Zweck dieser Methode. Der ist in erster Linie die Reinigung von festgefahrenen Emotionen, die sich als Verspannungen der Schultern, des Nackens und so weiter, als Blockaden oder Klöße im Brustkorb zeigen können. Durch diese Methode – deshalb heißt sie *vipassanā (Einsicht/Klarblick)* – erkennt man sie überhaupt erst.

Wir müssen mit dem Geist das reinigen, was der Geist verschmutzt hat. Unser innerer Besen heißt *Loslassen.*

Dieser Reinigungsprozeß ist sehr, sehr wichtig. Denn je mehr wir uns reinigen und läutern, desto einfacher ist es, die wertvollen Gefühle in sich zu kultivieren, vielleicht sogar zu seinen einzigen zu machen: Liebende Güte, Mitgefühl, Mitfreude und Gleichmut.

Läuterung geschieht in der Meditation von selber: Solange wir uns auf ein Gefühl konzentrieren, für viele übrigens einfacher als die Konzentration auf den Atem, können wir nichts Unreines denken.

Läuterung kommt durch Konzentration und dadurch, daß wir an die Blockierungen im Körper herankommen, die uns das Leben erschweren. Jede Schwere, die wir in uns haben, hindert uns daran, die Wahrheit zu erkennen und vollkommenes inneres Glück und Frieden zu erleben.

Wir erfahren also eine Reinigung von körperlichen Blokkierungen und die Läuterung der Gedanken mittels einer beinahe automatisch wirkenden Methode. Das ist der Zweck einer Methode, daß sie einen dazu bringt, gar nicht mehr anders zu können.

c) Auf Gefühle nicht reagieren

Will man verhindern, daß sich Emotionen von neuem als Blockierungen ablagern, muß man künftig anders reagieren. Damit sind wir bei der nächsten wichtigen Wirkung dieser Methode: Sie lehrt uns, auf Gefühle nicht zu reagieren.

Wenn im Alltag Ärger hochkommt, haben wir sofort einen Sündenbock zur Hand und reden uns ein, über diese Person oder Situation *müsse* man sich ärgern. Was für eine Absurdität! Von sich ärgern müssen kann ebensowenig die Rede sein wie von sich ärgern wollen – es ist nichts als eine instinktive Reaktion auf ein unangenehmes Gefühl.

Tritt aber in der Meditation ein unangenehmes Gefühl auf, können wir nicht umhin, daraus den Schluß zu ziehen, daß eine negative Reaktion gar nicht nötig ist. Nimmt man die Achtsamkeit von dem Gefühl, ist es in dem Moment verflogen, man geht zur nächsten Stelle, ein anderes Gefühl ist da.

Wir sind also in der glücklichen Lage, in dem Moment von der gewohnten Reaktion wegzukommen und einzusehen, daß der Ärger nur aus einem einzigen Grund hochgekommen ist, weil er nämlich in uns sitzt. Sich nun darüber zu ärgern wäre noch närrischer. Jeder ist mit *sechs Wurzeln* geboren, drei guten und drei schlechten; ich werde darauf noch zu sprechen kommen. Hier nur soviel: Alle sechs tanzen in uns einen ewigen Tanz, den mal die eine, mal die andere anführt. Wären wir ihrer mächtig, würden wir uns die drei aussuchen, die uns das Leben leichtmachen, uns beglücken. Hätten wir nicht beides in uns, wären wir nicht Menschen geworden.

Gefühle verwandeln sich und entschwinden ständig, im Alltag genauso wie in der Meditation. Es lohnt sich also gar nicht, in einer negativen Form zu reagieren, denn die bereitet uns nur ein neues unangenehmes Gefühl.

Wenn wir es in der Meditation oft genug schaffen, nicht

negativ, sondern mit Gleichmut zu reagieren, glückt es uns auch im Alltag. Ohne Gleichmut kann man ein Gefühl nicht fallenlassen, weil man entweder damit beschäftigt ist, es zu hassen, also loswerden will, oder daran anhaftet. Gleichmut sagt „es ist nur ein Gefühl", und das bringt Einsicht in seine Unbeständigkeit und Substanzlosigkeit.

Wenn wir der *Vipassanā*-Methode folgen, haben wir eine automatische Klärung dessen, was wirklich vor sich geht:

Zuerst ist die Berührung; in diesem Fall berühren wir mit der Achtsamkeit eine Körperstelle. Davon kommt ein Gefühl. Dem folgt sehr häufig die Wahrnehmung, die sagt „Schmerz", „unangenehm", „angenehm"; oder detaillierter: „Vibration", „Stechen", „Kälte", „Wärme", „Prikkeln", was immer.

Und hier können wir aus der Reaktion austreten und zur nächsten Stelle gehen, ohne zu sagen „das hab ich gern" oder „das hab ich nicht gern", was man auch mit „Gier" und „Haß" übersetzen kann, obwohl die meisten Menschen das gar nicht gern hören. „Ich hasse doch nicht, ich bin doch nicht gierig, ich habe nur das und das gern und das und das nicht gern" – das ist aber dasselbe. Es hat keinen Sinn, zu vorsichtig mit sich selber umzugehen. Da kommt man der Wahrheit nicht nahe. Haß und Gier sind unser Erbe, das Erbe unseres *Karmas.* Sie sind kein Grund, sich selber zu betrügen oder zu tadeln.

Aber wir können ganz klar erkennen, daß es möglich ist, aus ihnen auszutreten. Je öfter wir es tun, desto leichter wird es uns fallen. Es ist der einzige Weg heraus aus allem Leid. Unsere Reaktion des Habenwollens (Gier) und Nichthabenwollens (Haß) läßt uns immer wieder in den Kreislauf von Geburt und Wiedergeburt eintreten; die Gier des Habenwollens läßt uns immer wieder an den Annehmlichkeiten anhaften und macht uns vergessen, daß die Unannehmlichkeiten genauso häufig sind.

Bei der *Vipassanā*-Meditation ist es wohl kaum zu übersehen, daß sich angenehme und unangenehme Gefühle ungefähr die Waage halten.

Je stärker das Gefühl – angenehm oder unangenehm –, desto größer ist die Gefahr anzuhaften. Die angenehmen verwickeln uns in Leidenschaften, die einem dann nichts als Schwierigkeiten einbrocken. Die unangenehmen verwandeln sich in Haß, der so eskalieren kann, daß er sich, aus völlig unerklärlichen Gründen, gegen ganze Völkerstämme richtet. Alles fängt in unserem eigenen Körper und Geist an, da sitzt die ganze Welt drin – und nur da können wir sie verändern. Es bedarf nimmermüder Praxis und eines Geistes, der erkennen kann und will.

Jegliches Festhalten hindert uns zu wachsen. Wo immer wir festhängen, sind wir ver-wachsen. Sich damit identifizieren bedeutet, daß das Ego wieder einmal etwas gefunden hat, das seine Illusion nährt, es existiere. In der Meditation können wir dieser Illusion auf die Schliche kommen. Intellektuell können wir sie zwar verstehen, aber nur in der Meditation fühlen.

Es ist bedeutend einfacher und ein besserer Weg, zuerst einmal etwas zu fühlen und dann dieses Gefühl zu erkennen. Zu allem bloß verstandesmäßig Gewußten läßt sich auch eine Gegenthese aufstellen.

Da wir mit Emotionen des Anhaftens und Widerwillens vertraut sind, erkennen wir sie leicht. Schwieriger ist es bei Emotionen anderer Art. Wir brauchen Anweisungen.

Der Buddha hat nichts weiter getan, als *Richtlinien* gegeben und dazu aufgefordert, sie selber zu überprüfen. Wer Widerwillen oder Abscheu hat, ihnen zu folgen, sollte seinen Widerwillen und seine Abscheu untersuchen, nicht die Richtlinien in Zweifel ziehen.

Ein Gefühl kommt also und vergeht. Wieso vergeht es? Erstens ist Vergänglichkeit seine Charaktereigenschaft, zweitens existiert für uns nur das, worauf wir unsere Achtsamkeit lenken. Wozu also die Achtsamkeit auf etwas lenken, das uns unglücklich macht? Das heißt nicht den Kopf in den Sand stecken, das wäre töricht. Wenn etwas nicht unseren Wünschen und Vorstellungen entspricht, brauchen wir unsere Achtsamkeit nicht auf Unglücklich- oder Ärgerlichwerden zu lenken. Wir können sie auf das Erkennen dessen lenken, was da zu erkennen ist. Wir brauchen uns nicht mehr hin- und hertreiben zu lassen. Jeder läßt sich von seinen Gefühlen treiben; wir leben alle in diesem Gefängnis und hegen die Wahnidee, frei zu sein. Frei sind wir erst, wenn wir unserer Reaktionen Herr werden.

Klarheit des Denkens kommt durch die Läuterung unserer Gefühle. Wir brauchen beides. Es hat keinen Sinn, nur intellektuell zu arbeiten oder nur gefühlsmäßig etwas ermessen zu wollen. Jeder merkt an sich selber, welche Seite er mehr entwickeln muß.

Wir müssen verstehen können, was wir tun, und wir müssen liebende Güte in uns entfalten, so daß sie zur Selbstverständlichkeit wird. Das bedeutet, die Emotionen so zu läutern, daß Liebe die Hauptemotion in unserem Herzen ist, die nichts damit zu tun hat, was von außen an uns herantritt, wer da kommt, ob er uns liebens-wert erscheint, unsere Liebe braucht oder haben möchte. Es hat nur damit zu tun, daß das eigene Herz geläutert ist.

Die Läuterung der Gefühle findet statt, wenn wir immer wieder in der Lage sind fallenzulassen, was sich in uns angespeichert hat, immer wieder unsere Reaktionen auf unangenehme Gefühle fallenlassen können.

Ergebnis dieser Läuterung ist eine Gefühlswelt, die rein ist und nichts als Liebe, Mitgefühl, Mitfreude und Gleichmut enthält – der Buddha nannte diese vier die einzigen *reinen* Emotionen.

Das heißt, wir empfinden auch Liebe dem spirituellen Pfad, der Lehre und unserer Praxis gegenüber, weil unser Herz gar nicht mehr anders kann.

3. *Geh-Meditation*

Bei der Geh-Meditation soll die Achtsamkeit auf die Bewegung des Fußes gelenkt sein oder auf das ganze Bein; der Fuß ist einspitziger, man kann den Geist mehr konzentrieren.

Auch bei der Geh-Meditation kann man sich die Geistesmöglichkeiten, die man von Natur aus hat, zunutze machen.

Wer leicht und gern visualisiert, kann sich vorstellen, unter jedem Schritt wachse eine Blume.

Wer gern nachdenkt, mag sich vorstellen, daß der Rasen oder Erdboden ihn trägt, daß das Gras sich ganz beugt, aber doch gleich wieder aufrichtet, und man selber vielleicht auch so sein sollte.

Ein mathematischer Geist kann zum Beispiel die Bewegung oder die Schritte oder rechts/links zählen oder zu sich sagen: heben – tragen – senken.

Wir können ferner das Gefühl benutzen. Wenn der Fuß sich hebt, ist das ein leichtes, luftiges Gefühl, wenn er nach vorne geht, ist da ein Gefühl des Druckes nach vorne, wenn er sich senkt des Fallens, und wenn er den Boden berührt ein festes Gefühl.

Was immer es sei – ob Bilder, Zahlen, Worte, Gedanken oder Gefühle –, können wir dazu benutzen, auf dem Meditationsobjekt zu bleiben.

Die Geh-Meditation soll ein verlangsamtes Gehen sein, langsam genug, um jeder einzelnen Bewegung gewahr zu werden. Nur um zu wissen, daß sich der Fuß beim Gehen bewegt, brauchten wir ja nicht zu meditieren.

Der zweite Fuß soll sich erst heben, wenn der erste den Boden vollkommen berührt hat, im Unterschied zum üblichen Gehen.

Um Achtsamkeit detailliert zu benutzen, kann man die Bewegung des Gehens zerlegen und auf alle ihre Teile achtsam sein, man kann also das Abrollen des Fußes vom Boden betrachten, das Heben, Nachvornebringen, Senken und wieder Abrollen, bis der Fuß vollkommen auf dem Boden ist, und dann erst den zweiten heben.

Die Hände soll man auf Bauch oder Rücken zusammenhalten, damit sie nicht auch eine Bewegung machen. Die Augen bleiben offen, der Blick ist gesenkt und fällt direkt vor den Fuß, der den Schritt macht.

Dem Atem wird bei der Geh-Meditation keine Beachtung geschenkt.

Auch die Geh-Meditation vermittelt Klarblick, wenn man nämlich erkennt, daß Gehen unbeständig sein muß, sonst käme man ja nicht von der Stelle.

Wenn die Gedanken auch bei der Geh-Meditation vom Meditationsobjekt abschweifen, ist es hilfreich, für einen Augenblick stehenzubleiben und dann neu anzufangen.

Wenn man sich einen Geh-Pfad nimmt, so soll er ungefähr 20 bis 25 Schritte lang sein. Man geht ihn hin und her in einem Tempo, das einem angenehm ist, aber langsam genug, um jede Bewegung des Fußes genau beobachten zu können. Beim Umkehren am Ende des Pfades beobachten wir auch diese Bewegung.

Gerade von der Geh-Meditation haben viele großen Gewinn. Wer den Eindruck bekommt, sie bringe ihm nichts, dem fehlt es schlicht an Achtsamkeit. Das Aufpassen auf das, was in diesem Augenblick geschieht, kann uns in jeder Situation zur Konzentration bringen. Sie bewirkt, daß wir ganz im Augenblick leben. Mit Achtsamkeit bringt auch die Geh-Meditation ein Gefühl des Da-Seins, der Präsenz. Man erlebt wirklich einmal, wie Gehen ist.

Es ist nützlich, zu Beginn jeder Sitz- oder Geh-Meditation einen *Entschluß* zu fassen, zum Beispiel: „Ich will mich konzentrieren.“, „Ich will versuchen, durch diese Meditation

Einsicht in mich selber zu gewinnen.", „Ich will mein Denken erkennen.", „Ich will die Meditation mal ausprobieren." – was immer der Entschluß sei, bleibt jedem selber überlassen, und wäre es „Ich will *Nibbāna* erreichen." Dann lassen wir den Entschluß natürlich wieder fallen. Er ist sozusagen ein Pfosten, an den man den Geist anbinden kann. Wenn man dann sitzt oder geht und die Gedanken um alles andere kreisen als um das Meditationsobjekt, ist es an der Zeit, den Entschluß zu erneuern.

Als Entschluß ganz besonders geeignet ist Klarheit darüber erlangen zu wollen, was man eigentlich mit sich selber vorhat, zu welchem Zweck man meditiert.

4. Liebende-Güte (Mettā)-Meditation

Es ist hilfreich, jede Meditation, ob Sitzen oder Gehen, mit ein paar Momenten Liebende-Güte-Meditation zu beginnen, und zwar auf sich selber gerichtet – Gefühle der Dankbarkeit, Zufriedenheit und Freude, daß man jetzt anfangen kann zu meditieren.

Einmal am Tag solltet ihr längere Zeit dafür geben, vor allen Dingen dann, wenn ihr Schwierigkeiten mit der liebenden Güte habt, was gar nicht ungewöhnlich ist.

In den westlichen Sprachen müssen wir zwischen *Geist* und *Herz* unterscheiden. In unserem Sprachgebrauch meint *Herz* den Fühl- und *Geist* den Denkapparat.

In der Liebende-Güte-Meditation dirigieren wir den Geist in eine bestimmte Richtung, und je öfter wir das tun, desto leichter wird es für das Gefühl sein, ihm eines Tages zu folgen. Besonders, wenn jemand in unserem Leben steht, mit dem wir, aller Vernunft zuwider, Schwierigkeiten haben. Mit Vernunft ist da nicht viel auszurichten, es muß aus dem Gefühl kommen. Wenn wir immer und immer wieder unseren Geist zum Guten wenden, wird uns das zur zweiten Natur.

Auch bei der Liebende-Güte-Meditation müssen wir loslassen, nämlich von den Vorstellungen, die wir von Menschen haben, ob sie uns liebens-wert erscheinen oder nicht. Sonst kann unsere Zuwendung nicht wirklich von Herzen kommen.

Sie eignet sich auch gut für Kinder, die mitmeditieren wollen.

Der folgende Text soll nur eine Anregung sein, ihr könnt ihn nach Belieben abwandeln und euren Gedanken die Form geben, die euch am meisten zusagt.

Liebende-Güte-Meditation

Bitte schließt die Augen und lenkt die Achtsamkeit für ein paar Momente auf den Atem.

*

Stellt euch vor, ihr seid euer eigenes Kind, und empfindet die Liebe und Fürsorge, die man den eigenen Kindern entgegenbringt, für euch selber.

*

Jetzt stellt euch vor, daß derjenige, der euch gerade am nächsten sitzt, euer Kind ist, und bringt ihm die Liebe und Fürsorge entgegen, die man den eigenen Kindern entgegenbringt.

*

Jetzt stellt euch vor, daß alle im Haus eure Kinder sind. Umarmt sie alle mit der Liebe und Fürsorge, die man für die eigenen Kinder empfindet.

*

Jetzt denkt an eure Eltern; denkt an sie, als wären sie eure Kinder. Umarmt sie mit der Liebe und Fürsorge, die man für seine Kinder empfindet.

*

Nun denkt an eure liebsten und nächsten Menschen, als wären sie alle eure Kinder. Umarmt sie und füllt sie mit der Liebe und Fürsorge, die die eigenen Kinder bekommen.

*

Nun denkt an all eure guten Freunde, als ob sie eure Kinder wären, und gebt ihnen dieselbe Liebe und Fürsorge wie eigenen Kindern.

*

Denkt jetzt an eure Nachbarn, Arbeitskollegen, an Menschen, die ihr hie und da auf der Straße und in Geschäften trefft. Stellt euch vor, sie alle sind eure Kinder, umarmt sie und füllt sie mit der gleichen Liebe und Fürsorge, die ihr euren eigenen Kindern entgegenbringt.

*

Nun denkt an irgendeinen Menschen, über den ihr euch geärgert habt oder der euch Schwierigkeiten gemacht hat. Denkt an ihn, als ob er euer Kind wäre. Kinder machen auch Schwierigkeiten und verursachen Ärger, und trotzdem ist die Liebe zu ihnen die gleiche. Laßt auch diesem Menschen die gleiche Liebe und Fürsorge zukommen wie den eigenen Kindern.

*

Denkt an alle Menschen in eurem Heimatland, als wären sie alle eure Kinder. Laßt euer Herz wachsen und sich weiten, so daß ihr alle diese Menschen umarmen könnt mit der gleichen Fürsorge und Liebe, die man den eigenen Kindern gibt.

*

Denkt nun an alle Lebewesen, die es auf diesem Erdball gibt, auf dem Land, im Wasser und in der Luft, sichtbare und unsichtbare. Empfindet für all diese Lebewesen Liebe und Fürsorge, zeigt ihnen, daß ihr um ihr Wohlergehen besorgt seid, als wären sie alle eure Kinder.

*

Lenkt nun die Achtsamkeit wieder auf euch selber und erkennt das Kind in euch, das der Leitung und Führung durch die Mutter in euch selber bedarf, der Liebe, Fürsorge und Weisheit. Fühlt euch in dieser Liebe und Fürsorge geborgen und sicher.

*

Mögen alle Lebewesen glücklich sein.

Fragen und Antworten

F: Eines meiner Probleme bei der Meditation ist immer wieder die Müdigkeit. Ich bin immer noch dabei, mich zu tadeln, daß ich nicht die rechte Anstrengung mache. Ich weiß nicht, ob es in dem Fall mit Loslassen getan wäre.
A: Es ist gut, die beiden zusammenzubringen. Sich hinsetzen zum Meditieren ist rechte Anstrengung. Ferner bedarf es der Entschlußkraft.

Ein Geist, der noch nicht vollkommen konzentriert ist, neigt zu Müdigkeit. Der nächste Schritt ist, mit Hilfe rechter Anstrengung die Müdigkeit zu erkennen und loszulassen. Das ist gewiß nicht einfach. Wenn die Müdigkeit erkannt ist, sind zwei Dinge wichtig. Das erste ist, nicht auf Ruhe-Meditation hinzuzielen. Denn sie ist, vor allem im ersten Moment, dem Schlaf oder zumindest Dämmerzustand in gewisser Weise ähnlich. Der Geist, der das noch nicht hundertprozentig im Griff hat, kann zwischen den beiden oft nicht unterscheiden. Zu der Zeit ist es also nötig, auf Einsichts-

Meditation hinzusteuern. Sie kann die Müdigkeit als Objekt nehmen: Wieso bin ich eigentlich so müde? Es kann zum Beispiel Abwehr dahinterstecken. Was immer hochkommt an Gedanken oder Gefühlen – versuche sie zu erkennen.

Zweitens kann man der Müdigkeit abhelfen, indem man die Augen öffnet und ins Licht schaut, den Körper leicht bewegt, um die Blutzirkulation etwas anzuregen. Der Buddha hat außerdem empfohlen, sich am Ohrläppchen zu ziehen und die Wangen zu reiben, das bringt neue Energie.

Drittens ist es hilfreich, sich selber gut zuzureden, wie dankbar man dafür sein sollte, meditieren zu können, zumal unter so günstigen Umständen. Denn das Leben ist ganz ungewiß, der Tod ganz gewiß.

Müdigkeit ist eine instinktive Reaktion des Geistes; er ist nicht scharf auf Klarblick, weil der dem Ego an den Kragen geht, und will lieber schlafen. Tadele dich also nicht dafür. Tadel bringt nur neue Unruhe. Selbsttadel kommt daher, daß man eine viel zu hohe Idealvorstellung von sich hat.

F: Ändert sich durch Meditation auch die Qualität des Schlafes? Die Träume sind, wenn ich intensiv meditiere, ganz deutlich. Dasselbe passiert mir beim Fasten. Was sagt der Buddha zu Träumen?
A: Gar nichts. Aber der Schlaf ändert sich, natürlich. Denn Meditation ist ein geistiges Fasten. Erstens braucht man weniger Schlaf, zweitens kann sogar der Schlaf achtsam werden, kein Tief-, sondern Hellschlaf sein.

Wenn die Träume unangenehm sind, was häufig der Fall ist, kommt altes Unterbewußtes hoch; gute Träume oder Phantasien kommen daher, daß der Schlaf so hell ist durch den Versuch, sich zu konzentrieren.

F: Ist die sogenannte *Meditationsmusik* oder *Musik zur Meditation* eine Meditationshilfe oder abzulehnen?
A: Ich lehne sie ab. Was andere davon halten, weiß ich nicht.

In der Buddha-Lehre ist die Meditation dafür gedacht, in die meditativen Vertiefungen zu gehen, was nicht möglich ist, wenn man dabei Musik zuhört. Es ist schlimm genug, daß man seinem eigenen Geist zuhören muß. Musik wird vom Buddha als Sinneskontakt angesehen.

Ruhe und Einsicht sind die beiden klassischen Ziele und Richtungen der Meditation. Sie sind durch Achtsamkeit und Konzentration zu erlangen. Einfacher kann es kaum ausgedrückt sein. Diese vier Worte können wir uns leicht merken: *Ruhe und Einsicht durch Achtsamkeit und Konzentration.*

Musik und Tanz sind schön, haben aber nichts mit Meditation zu tun. Meditation ist still auf seinem Kissen sitzen und nach innen gehen.

F: Mir wird beim Aufstehen nach dem Sitzen oft schwindelig. Was ist dagegen zu tun?
A: Lasse dir Zeit! Mache niemals die Augen sofort auf und steh rasch auf, wenn die Meditation zu Ende ist. Sondern stelle erst einmal mit geschlossenen Augen das Ende der Meditation fest, bewege etwas den Körper, vielleicht nacheinander Arme und Hals, öffne dann langsam die Augen und schau einher, und erst wenn das Alltagsbewußtsein wieder ganz hergestellt ist, steh langsam auf. Es kann fünf Minuten dauern.

F: Kann man Dinge, die man gehabt hat, nicht leichter loslassen als Dinge, die man sich noch wünscht?
A: Ich würde sagen ja, aber ich weiß nicht, ob das bei jedem so ist. Es ist einfacher zu erkennen, daß alles, was man gehabt hat, keine Erfüllung gebracht hat. Wenn man's noch nicht gehabt hat – das habe ich bei vielen Menschen gesehen –, denkt man: das wäre es. Leider bedeutet das, daß der Mensch immer und immer wieder sucht. Es kann viele Leben dauern, bis man durch ist, die Möglichkeiten sind ja beinahe unbegrenzt.

F: Ich habe leicht Bilder. Zum Beispiel sehe ich eine große Wasseroberfläche oder einen tiefen See, wahrscheinlich weil du das vorhin erwähnt hast. Ich habe auch den Buddha vor mir gesehen. Soll ich Bilder auch mit einem Etikett versehen und zur Seite tun?
A: Das Etikett könnte sein ‚Stummfilm'. Es gibt zwei Sorten Geist: den visuellen und den mathematischen, der erklärt und Geschichten erzählt. Manche haben beides, was dann schwerer fallenzulassen ist. Beim Stummfilm ist es einfacher. Man kann ja erkennen, daß es nur eine Art Phantasie ist und ohne jeden Nutzen.

Also wie bei den Gedanken: etikettieren, fallenlassen, zurück zum Atem.

F: Auch ich habe eine Frage zu Bildern. Ich studiere Kunst, und bei mir läuft alles in Bildern ab. Wenn du die Wasseroberfläche mit Gedankenwellen vergleichst, erscheint bei mir ein so lebhaftes Bild, daß ich es auch in der Meditation nicht wieder loswerde. Ich begreife Gedanken eher über das Bild und bleibe dann immer wieder an dem Bild hängen. Das ist ein richtiger Teufelskreis.
A: Den Musikern geht es ähnlich mit dem Hören.

Was ist das stärkste Bild, das du in der Meditation hattest?
F: Eine glatte Wasseroberfläche – als Spiegel und durchsichtig bis auf den Grund.
A: Wie fühlte sich das an?
F: Schön.
A: Was ist „schön"? Schön ist eigentlich kein Gefühl.
F: Sehr vertraut.
A: Du hattest also ein angenehmes Gefühl. Kannst du dich in diese Wasseroberfläche hineinversenken, das Gefühl der Versenkung bekommen? Ja? Dann mache das.

Benutze die Wasseroberfläche als Meditationsobjekt, um zur Versenkung zu kommen, als Beginn; dann ist das angenehme Gefühl dein Meditationsobjekt.

Was passiert dann mit dem angenehmen Gefühl?
F: Dann freue ich mich, weil es so schön ist, bis mir etwas weh tut.
A: Was machst du dann? Dich ärgern?
F: Ich weiß ja, daß beides vergeht und wiederkommt.
A: Die Freude, die da kommt, ist dein nächstes Meditationsobjekt. Beobachte sie ganz scharf, lasse dich von dem pieksenden Körper nicht kleinkriegen. Dann kannst du das Gefühl, im Wasser versunken zu sein, loslassen; es bleibt als angenehmes Gefühl im Hintergrund. Um die Freude als Meditationsobjekt beibehalten zu können, mußt du die Konzentration schärfen.

Nach der Freude, wenn du dich vom Körper nicht stören läßt, kommt Zufriedenheit als nächstes Meditationsobjekt.
F: Ich weiß immer nicht, was ich mit der Freude anfangen soll.
A: Beobachten, nichts weiter.

F: Ist Imagination heilsam?
A: Das kommt darauf an, was du dir vorstellt. Wenn sie nur Phantasie ist, ist es nicht so günstig. Aber wenn es Vorstellungen sind, die dein Leben zum Guten beeinflussen können, ist sie sehr günstig. Wie gesagt: Mancher Menschen Geist arbeitet sehr visuell, die sollten sich diese Fähigkeit zunutze machen.

F: Bei mir kamen in der Meditation Bilder und Gedanken derartig schnell hintereinander, daß ich sie gar nicht mehr betrachten konnte. Ich habe mich aufs Atmen konzentriert, und da kamen blitzartig Gedanken und waren ebensoschnell wieder weg.
A: Waren keine Pausen dazwischen?
F: Erst kamen Gedanken, dann Bilder, dann konnte ich ganz kurz zur Konzentration zurückgehen.
A: Diese Schnelligkeit bringt eine gewisse Unklarheit mit

sich. Lenke die klaren Gedanken auf die Pausen und versuche sie zu verlängern. Ein gewisser Druck ist dazu nötig, ein bißchen Anstrengung: du mußt dem Geist gut zureden. Einerseits kannst du es so nicht lassen, anderseits darf dieser Druck nur ganz leicht sein, sonst bekommst du Kopfschmerzen und verspannst dich.

F: Sind Erinnerungen nicht in bestimmter Weise auch Bestandteil der Gegenwart? Auf dem spirituellen Pfad zum Beispiel kommt man doch nur dadurch vorwärts, daß man sich merkt, was man erlebt. Vielleicht ist es dann kein Erinnern, sondern ein erneutes Vergegenwärtigen?
A: Ja. Man kann selbstverständlich Dinge, die man erlebt hat, wieder zu lebendiger Gegenwart machen und ein oder auch mehrere Male wieder-erleben, um sie noch einmal zu praktizieren. Das kann gerade bei der spirituellen Praxis nicht nur gut, sondern notwendig sein.

Man kann aber auch dasitzen und sich daran erinnern, was man auf seiner letzten Reise Schönes gesehen hat, kann sich die ganze Zeit mit Geschichten erzählen ablenken. Das ist Erinnerung, die nichts nutzt.

F: Ich habe noch nie lange und regelmäßig meditiert und bin nie richtig reingekommen, und dann hat sich mit der Zeit Resignation breitgemacht: Wenn ich dasitze und doch bloß denke, kann ich auch gleich aufhören zu meditieren. Ich befürchte, daß das diesmal wieder passiert.
A: Hast du jetzt gerade wieder neu angefangen?

Ja? Und wie ging es? Hast du wieder die ganze Zeit gedacht, oder war es besser?
F: Hier habe ich gespürt, daß die Energie, die von dir und der Gruppe ausgeht, hilft, so daß mehr Achtsamkeit und Wachheit da ist als sonst, wenn ich allein meditiere.
A: Geh doch wenigstens einmal die Woche zu einer Gruppe, vielleicht hilft das. Im übrigen mußt du Geduld haben.

F: Meinst du denn, wenn man dasitzt und nur denkt, daß es trotzdem einen Sinn hat?
A: Ja, klar. Es ist so: Es muß immer mehr zu der Objektivität führen, das Denken zu beobachten. Dann kommt auch die Meditation. Man darf sich unter Meditation bloß nicht vorstellen, man werde in einen goldfarbenen Himmel erhoben, wo es keinerlei Leid mehr gibt und man wie ein Engel herumschwebt. Sinn der Meditation ist nichts anderes als Klarblick.

Ist man ein Mensch, der viel nachdenkt, muß man das als Hilfe und nicht als Hindernis anschauen. Wenn du das Denken benutzt, dich sozusagen danebenstellst, es anschaust und erkennst, worum es sich handelt, kannst du erstens davon Abstand nehmen und es zweitens als vergänglich sehen. Manchmal kannst du seine Ursache erkennen, zum Beispiel bei einem Gedanken über die Zukunft. Sie kann Gier sein, Habenwollen. Dadurch erkennst du dich selber. Du arbeitest also auf Einsicht hin. Sieh das Denken also als wertvolles Werkzeug an, um dem Klarblick näherzukommen, und nicht als Barriere. Versperre dir nicht den Weg, sondern sei im Gegenteil froh, daß du einen denkenden Geist hast, benutze ihn aber in der richtigen Art und Weise, um tiefer zu schauen.

Jeder kann die Fähigkeiten, die er hat, so verbessern, daß sie am Ende den ganzen spirituellen Pfad für ihn erleuchten.

F: Du sagtest, wir hätten Gefühle und Gedanken nicht unter Kontrolle. Trifft das auch auf einen Erleuchteten zu?
A: Die Reaktion auf die Gefühle hat er unter Kontrolle, die Gefühle angenehm, unangenehm und neutral kommen beim Erleuchteten ebenso wie beim Unerleuchteten. Der Erleuchtete reagiert bloß nicht darauf. Die Gedanken hat er soweit unter Kontrolle, daß Gleichmut hochkommt.

F: Gibt es in der Lehre des Buddha so etwas wie eine *innere Führung*? Freunde von mir haben das Erlebnis, daß es zu einer inneren Führung kommt, wenn sie ganz vom Denken loslassen. Sie spüren: „Mach das!" Obwohl sie nicht wissen, warum sie dem folgen, stellt es sich als das Richtige heraus.
A: Das ist *intuitives Denken.* Sicher gibt es das. Der Buddha hat es nicht so genannt, aber Loslassen ist ja eines der wichtigsten Dinge, die wir in der Meditation lernen sollen; sich vollkommen frei machen, öffnen, sich dabei läutern. Dann kommt intuitives Denken, das einen auf den richtigen Weg führt. Wenn man gar nicht weiß, was los ist, hat man sein Erleben nicht erkannt. Man darf nur nicht glauben, man bekomme diese Informationen von außen. Das ist alles von einem selber abhängig. Die innere Reinheit, das Loslassen, Loslösen macht einen frei für intuitive Weisheit. Man hat dann mit Entscheidungen keine Probleme, es entscheidet sich von selber.

F: Du hast gesagt, daß aus den Gefühlen die Gedanken entstehen. Ich habe es umgekehrt erlebt: Wenn ich zum Beispiel Kummer habe, ist das ein Gedanke, und der bringt mir ein unangenehmes Gefühl. Wenn ich den Gedanken loslassen kann, ist auch das Gefühl weg.
A: Ja, das stimmt. Wenn du den Gedanken losläßt, existiert die Situation nicht mehr. Der Kummer kam zuerst, und Kummer ist ein Gefühl.
F: Irgendwie ist mir das nicht klar. Kummer ist der Gedanke an eine bestimmte Situation.
A: Ja, aber die Situation hat den Kummer bereitet. Jetzt ist es nur noch Erinnerung. Das Wort „Kummer" ist schon der Gedanke, ist die Wahrnehmung, denn an sich ist da nur ein unangenehmes Gefühl. Die Wahrnehmung sagt: „Ich kenne diese Art Gefühl, es heißt Kummer." Dann sagen die Gedanken, „das habe ich nicht gern". Wenn du dich an die Situation erinnerst, kannst du das gleiche Gefühl noch einmal

bekommen. Läßt du dann die Erinnerung fallen, ist es weg. Es reicht nicht, den Gedanken loszulassen, es ist besser, den Kummer loszulassen.

Das heißt, man muß sich darum kümmern, wieso man ihn hat. Es gibt nur einen Grund: Man hat entweder nicht bekommen, was man wollte, oder bekommen, was man nicht wollte. Wenn man das klar sieht, kann man den Kummer abbauen, und dann ist die Erinnerung frei. Man kann sich nicht ganz vor ihr schützen, sie kommt ungebeten, aber wenn der Kummer weg ist, kann sie ruhig hochkommen.

F: Wenn wir versuchen, unsere Gefühle und Gedanken zu beherrschen: Wer ist denn derjenige, der die Gedanken beherrscht? Der Beobachter?
A: Das solltest du selber ausfindig machen.

Die Achtsamkeit. Der Beobachter ist auch eine Illusion. Wenn der Seher und das Gesehene zusammenkommen, dann ist die tiefste Wahrheit verstanden. Natürlich ist im Moment der Beobachter da und soll auch da sein, soll alles beobachten – bis er eines Tages verschwindet.

F: Mich hat *positives Denken,* das ja ziemlich verbreitet ist, nicht ganz befriedigt; ich kann aber nicht definieren, was ihm fehlt.
A: Das positive Denken ist hilfreich, das Negative fallenzulassen. Aber es fehlt ihm das Erkennen, der Klarblick.

F: Wenn in der Meditation ein Problem aufkommt, also nicht nur ein Gedanke, sondern das Gefühl, damit müßte ich mich auseinandersetzen: Ist das beste, es in dem Augenblick, wo man spürt, daß sich der Gedankenprozeß verselbständigt, man aus der Konzentration herauskommt, fallenzulassen und zu warten, bis es von selber wieder hochkommt?

A: Ja, das ist der richtige Vorgang. Die Meditation ist im allgemeinen nicht der rechte Moment, sich mit Problemen auseinanderzusetzen. Es ist besser, das Problem fallenzulassen und zum Meditationsobjekt zurückzugehen. Wenn am Ende der Meditation das Problem nicht von allein hochkommt, kannst du nachsehen, ob sich schon eine Lösung ergeben hat. Es ist schon vielen, vielen Menschen passiert, daß sie sich hinsetzen, anfangen zu meditieren, und plötzlich kommt die Lösung zu einem Problem, mit dem sie sich schon seit Wochen auseinandersetzen wollen. Nicht das Problem, die Lösung kommt hoch. Darum ist es nicht so nutzbringend, sich mit Problemen abzugeben. Die Lösungen kommen aus einer inneren Fundgrube, die wir mit uns tragen, denn wir haben Weisheit in uns.

F: Was tut man mit verworrenen, dunklen, ängstlichen, depressiven Stimmungen, mit Stimmungen überhaupt?
A: Loslassen! Stimmungen muß man erkennen können als nichts weiter als eine Stimmung. Mit dem Wetter vergleichbar: Bei Sonnenschein scheint die Stimmung aufgehellt, bei Nebel und Regen leicht duster. Wir brauchen Stimmungen überhaupt keine Bedeutung beizumessen. Das beste ist, sie zu erkennen als Kommen und Gehen. Wenn es aber eine negative Stimmung ist, die einem das Leben schwermacht, ist es sehr wichtig, nicht nur ihr Kommen und Gehen zu beobachten, sondern sie durch liebende Güte und Mitgefühl zu ersetzen, mit dem vollen Verständnis, daß es Dummheit ist, sich selber unglücklich zu machen.

F: Sollte man alle Gefühle überwinden können?
A: Nein, nicht die liebenden. Außerdem kann man Gefühle nicht überwinden. Zu überwinden ist die Reaktion auf die Gefühle. Die Reaktionen sind fallenzulassen.
F: Wenn ich also spazierengehe und besonders schöne Blumen sehe, freue ich mich darüber. Hat jemand, der auf dem

Pfad schon weit fortgeschritten ist, dieses Empfinden nicht mehr?
A: Doch, auch er hat ein angenehmes Gefühl, wenn er hübsche Blümchen sieht. Aber er hat nicht den Wunsch, der in so vielen Menschen aufsteigt, sie zu pflücken oder zu fotografieren oder zu malen, also in irgendeiner Form festzuhalten. Freude ist in Ordnung. Sie ist eine Reaktion auf das angenehme Gefühl, verursacht durch den Sehkontakt. Das angenehme Gefühl bleibt, die Freude darüber geht weg, an ihre Stelle tritt Gleichmut.

F: Ist gleichzusetzen, wenn ich etwas empfinde, daß ich es dann auch begriffen habe?
A: Nein, leider nicht. Das wäre schön. Das Empfinden ist das Erleben, und das Verstehen ist das Erkennen. Es muß also das *erkannte Erleben*, die verstandene Empfindung sein. Wir brauchen beides, den Geist und das Herz, die Vernunft und das Gefühl.
F: Etwas hören und sagen: „das hört sich richtig an", heißt also noch nicht, daß man es auch umsetzen kann?
A: Nein. Aber man hat wenigstens eine Richtlinie, es zu versuchen. Wenn man es dann tatsächlich gemacht hat, sieht man: aha, es stimmt.

F: Wenn man bei der Gefühlsbetrachtungsmeditation ein leichtes Schwindelgefühl bekommt oder einem übel wird: Wie hängt das zusammen?
A: Das sind Säuberungsprozesse, die sehr nützlich sind. Wenn einem zum Beispiel übel wird, was vorkommt, wenn man mit der Achtsamkeit zur Bauchgegend gekommen ist, bedeutet das, daß man einen großen Schub alter Emotionen loswird. In dem Moment, wo man dieses Gefühl wieder losläßt und weitergeht, hat man eine Menge Läuterung erlebt. Das Schwindelgefühl kann damit zusammenhängen. Ist es gekommen, als du beim Kopf warst?

F: Nein, hinterher. Ich habe schon gedacht, daß vielleicht zuviel Energie und zuwenig Konzentration da war.
A: Ja, das ist richtig. Ich will gar nicht mal sagen, zuwenig Konzentration. Vielleicht aber extreme Anspannung. Hast du dich ganz besonders angestrengt?
F: Ja.
A: Dann funktioniert es nicht. Immer die Balance halten. Immer nur auf das schauen, wie es gerade ist.

F: Du sagtest, daß man sich des Blutes gewahr werden kann. Heißt das, daß wir auch bei den einzelnen Körperpartien in die Tiefe der Anatomie vordringen können und sollen?
A: Aber ohne Anatomie.
F: Es ist aber ganz einfach mit der Anatomie.
A: Ja, leider. Das passiert immer Ärzten und Krankenschwestern. Es gibt so gewisse berufliche Gefahren. Manche Musiker können zum Beispiel nicht meditieren, weil sie die ganze Zeit Musik im Ohr haben.

Mit der Anatomie ist es so: Wenn du die Achtsamkeit dem Inneren des Körpers zuwendest, weil du weißt, wie es da drin aussieht, sind es keine Gefühle. Dann gehst du da drin spazieren und schaust dir alles an, und das ist Kopfarbeit. Du spürst aber nichts. Das Gefühl ist die Hauptsache. Es ist gut, unter die Haut zu gehen. Man kann zum Beispiel fühlen, daß das Blut pulsiert. Da weiß man, daß das Blut ist. Aber was man spürt, ist nur Pulsieren. Man spürt nicht den Begriff „Blut". Das ist unmöglich.

Du weißt vielleicht, dies ist die Galle, Leber oder Niere, aber im Spüren fühlst du nur Härte, Weiche, Stechen, Zucken oder so etwas. Darum ist es nicht gut, die Anatomie im Kopf zu haben. Es ist das Gefühl, worauf es ankommt.

F: Ich habe am Nachmittag bei der Wiederholung der *Vipassanā*-Meditation eine ständige Übelkeit verspürt. Sie war

sehr intensiv. Ich habe auch eine gewisse Abwehr dann verspürt weiterzumachen, hatte das Gefühl, es ist zuviel.
A: Die Übelkeit ist ein ganz starker Reinigungsprozeß. Mach die *Vipassanā* jetzt kein drittes Mal, sondern geh zum Atem und wiederhole sie erst morgen. Im allgemeinen kommt die Übelkeit nicht öfters als zweimal, aber es gibt immer Ausnahmen.

F: Könnte man als Meditationstechnik auch verwenden, daß man den goldenen Lichtstrahl, den wir uns manchmal in der Liebende-Güte-Meditation vorstellen, durch alle Körperpartien wandern läßt?
A: Um der Übelkeit abzuhelfen?
F: Ja, um die Reinigung milder zu gestalten.
A: Ich muß ganz ehrlich sagen, ich habe diesen Versuch noch nie gemacht. Aber es scheint mir eine gute Idee. Versuch es doch mal.

F: Wir haben also die Gefühle, die sehr schnell entstehen, kurz bleiben und wieder vergehen, beobachtet. Wenn ich aber annehme, der Schmerz ist auch ein Gefühl – wieso bleibt der ziemlich zäh?
A: Darüber ärgert sich jeder. Der Schmerz ist ein unangenehmes Gefühl. Das Wort „Schmerz" ist die Wahrnehmung. Durch Erinnerung wissen wir, das unangenehme Gefühl heißt „Schmerz". Daß es bleibt, ist ein Fehlschluß. Es ist ständig dabei, sich zu ändern. Es wird stärker, schwächer, bewegt sich, ändert die Stelle, und je mehr wir uns darauf konzentrieren, desto eher können wir erkennen, daß es in sich Bewegung hat. Das ist die Unbeständigkeit. Das ganze Universum bewegt und ändert sich pausenlos, so auch der Schmerz.

F: Wenn man bei der *Vipassanā* den Faden verliert: Ist es besser, zurück zum Atem zu gehen und dann dort weiterzumachen, wo man steckengeblieben war?

A: Nein. Man muß noch einmal von vorne anfangen, um eine klare Reihenfolge zu haben.

F: Wie soll man sich zu Krankheiten, körperlichen Schmerzen einstellen?
A: Akzeptierend.
F: Man soll also nichts dagegen unternehmen?
A: Gegen Körperschmerzen und Krankheiten läßt sich einiges unternehmen, das im Rahmen der Vernunft bleibt. Zum Beispiel ist Meditation hilfreich. Durch die *Vipassanā*-Technik kann man Schmerzen loswerden. Ferner kann man unschädliche Medikamente verwenden. Vor allem kann man versuchen, seine Gedankengänge in Ordnung zu bringen. Ich glaube nicht, daß es nötig ist, sich aufschneiden zu lassen und neue Teile einzusetzen.
F: Krankheiten kommen doch eigentlich von den falschen Gedanken. Müßte man sie mit richtigen Gedanken dann nicht in den Griff bekommen können?
A: In der Theorie ja, in der Praxis kann der Eingriff in den Körper schon zu stark sein. Außerdem muß der richtige Gedanke mit außerordentlich starker Konzentration umgeben sein, um einen Einfluß zu haben.

F: Ist nicht auch ein wichtiger Aspekt, daß wir am Schmerz etwas üben können für den Fortgang unseres Lebens, da uns ja Schmerzen bestimmt nicht erspart bleiben?
A: Gewiß, das ist auch wichtig, daß man Ertragen lernt und nicht bei jedem Wehwehchen nach Tabletten greift.

F: Was kann man aber machen, wenn man immer wieder so starke Schmerzen hat, daß sie sich in den Vordergrund schieben, also zum Meditationsobjekt werden? Muß man da durch? Bis jetzt habe ich immer versucht, mich auf den Schmerz einzulassen. War das richtig?
A: Kommt denn der Schmerz schon beim Hinsetzen?

F: Nicht immer; manchmal nach einer viertel, manchmal nach einer halben Stunde.
A: Kannst du dich nicht so hinsetzen, daß der Schmerz nicht kommt? Es gibt doch so viele Arten, seine Beine zu arrangieren. Meditationsbänkchen können sehr hilfreich sein.
F: Es wäre also besser, wenn der Schmerz nicht kommt? Ich habe immer geglaubt, es wäre wichtig, durch den Schmerz durchzugehen, ihn tapfer auszuhalten.
A: Manche Schulen vertreten diesen Standpunkt. Der Buddha hat gesagt, man müsse sich in Körper und Geist wohlfühlen, um erfolgreich zu meditieren. Wer kann denn meditieren, wenn er zum Beispiel rasende Zahnschmerzen hat? Dann kann man sich doch nur auf die Zahnschmerzen konzentrieren. Natürlich kann man den Schmerz benutzen, um die Konzentration zu schärfen, kann die Reaktion auf den Schmerz beobachten und versuchen fallenzulassen. Aber das führt nicht in die meditativen Vertiefungen. Das kann zu mehr Gleichmut führen. Im allgemeinen führt es zu dem Eindruck, Meditation sei eine Tortur.
F: Ich habe immer gehofft, der Schmerz gehe irgendwann weg, wenn ich ihn nur lange genug ertrage.
A: Das kann natürlich sein. Wenn es aber soweit kommt, daß der Geist voller Abwehr ist oder sich Zwang auferlegt, ist es bedeutend besser, sich – mit Achtsamkeit, nicht instinktiv – umzusetzen und gewahr zu sein: „Bis hierher habe ich mit meinen Schmerzen arbeiten können, weiter nicht, jetzt bin ich besiegt worden". Es ist wichtig zu erkennen, was der Geist sagt. Nicht auf Teufel komm raus sitzen, das Wort allein genügt schon. Dann kommt nämlich wirklich der Teufel Ärger aus einem raus.

F: Mir wird beim Meditieren schrecklich heiß.
A: Unangenehme Hitze ist ein Resultat vom Erzwingenwollen. Die Anstrengung muß ausgewogen sein, das heißt, man muß sich wohl anstrengen, aber im Einklang mit seinen Fä-

higkeiten, die man von Mal zu Mal nur ein ganz klein wenig überschreiten und somit ausdehnen soll.

F: Ich habe beim Meditieren Kopfschmerzen bekommen.
A: Auch dahinter steckt zuviel Anstrengung. Übernimm dich nicht. Versuche nicht, den Geist oder Atem festzuhalten oder alles richtig machen zu wollen oder „jetzt muß es aber sein!", sondern lasse den Geist entspannt in den Atem fallen.

F: Was macht man mit eingeschlafenen Beinen oder Füßen? Bei mir wird das langsam zum Meditationsobjekt, weil mir alle Viertelstunde ein Bein einschläft.
A: Was machst du dann?
F: Dann gucke ich mir das eine Weile an und bewege das Bein. Das Körpergefühl ist nicht so schlimm, aber ich denke, es ist nicht gesund, weil Blut abgeklemmt wird. Es geht dann auch, sobald ich mich bewege, blitzartig wieder weg und kommt nach fünfzehn Minuten wieder.
A: Wenn du so weitermachst, wird es immer nach fünfzehn Minuten wiederkommen. Das beste ist: anschauen, erkennen, daß da eine gewisse Angst ist, das könne schädlich sein; erkennen, daß es ein bißchen unangenehm ist, und die Reaktion fallenlassen, zurückgehen zum Meditationsobjekt. Wenn du ein- oder zweimal eine Dreiviertelstunde oder Stunde durchgesessen bist, kannst du durchsitzen. Wenn man nicht einmal durchsitzt, wird man nie durchsitzen.

F: Wenn man psychisch über seine Grenzen hinausgegangen ist, sich zuviel zugemutet hat: Was ist dann das beste zu tun?
A: Sich sofort hinsetzen und die Liebende-Güte-Meditation für sich selber machen.

F: Was ist der Unterschied zwischen Fallenlassen und Verdrängen?

A: Das ist ein großer Unterschied. Verdrängen ist nicht wissen wollen. Genau wissen und loslassen ist Entsagung.

F: Mir fällt die Erneuerung der Entschlußkraft schwer. Die Geschichten, die man so lesen kann, scheinen zu zeigen, daß früher sehr viel mehr Erleuchtete auf der Welt waren. Ich persönlich habe Schwierigkeiten, auf dem spirituellen Weg zu bleiben, wenn der Ansporn durch die erleuchteten Beispiele fehlt.

A: Solange man sich auf den lebenden Lehrer verläßt, ist man verlassen. Unser Lehrer ist der Buddha, und der hat gesagt: „Wer mich sieht, sieht den *Dhamma*, wer den *Dhamma* sieht, sieht mich", das heißt, daß wir den *Dhamma* in uns selber finden können. Seine Lehre ist da.

Deine Schwierigkeit ist, daß du einen Wunsch hast, der dir unerfüllt bleibt. Lasse den Wunsch fallen!

F: Also der Wunsch als solcher, einen Erleuchteten einmal leibhaftig zu sehen und nicht nur in den Schriften vorzufinden, ist schon störend?

A: Erstens das und zweitens würdest du den Erleuchteten gar nicht erkennen. Nur ein Buddha erkennt einen Buddha. Es ist nicht möglich, jemanden zu erkennen, der über einem steht. Man erkennt nur die, die unter einem stehen.

Außerdem hat der Buddha Mönchen und Nonnen verboten, davon zu sprechen, wie weit sie in der Lehre gekommen sind; es ist eines der schlimmsten Vergehen. Ob ein Lehrer erleuchtet ist oder nicht, ist für den Schüler nur dann von Belang, wenn er selber schon vor der Erleuchtung steht. Dann wird er auch einen Erleuchteten finden. Bis dahin kann er von seinen Nachbarn, seinen Kindern, von jedem lernen. Um nichts anderes als Lernen handelt es sich ja. Die Hauptsache ist, sich selber zu erkennen. Die anderen zu erkennen ist nicht so wichtig.

F: Ich möchte meine Frage mehr präzisieren. Was ich mir wünsche, ist eine klare Zielvorstellung. Du hast einmal einen Lehrer zitiert, der gesagt hat, wenn man nicht in diesem Leben *Stromeintritt* habe, sei es vergeudet. Das ist etwas Präzises, das mir geholfen hat. Ist ein solcher Wunsch auch schädlich? Irgend etwas brauche ich ja, um die Entschlußkraft zu entwickeln. Wenn ich weiß, *Stromeintritt* ist erreichbar, ist mir das ein Ansporn.

A: Sogar *Nibbāna* ist erreichbar, *Stromeintritt* ist der erste Schritt. Es ist gut, sich dieses Ziel vor Augen zu halten, es dann aber fallenzulassen und einfach an sich zu arbeiten.

Es ist wie die Besteigung eines Gipfels. Wer statt auf den Weg aufzupassen die ganze Zeit die Augen auf den Gipfel gerichtet hält, fällt garantiert auf die Nase. Man muß auf jeden Schritt aufpassen; Geröll, Abhänge, überall lauern Möglichkeiten zu Fehltritten. Ohne die Absicht, den Gipfel zu erreichen, würde man nicht weitersteigen, aber man muß den Blick auf jeden Schritt gelenkt halten, den man tut.

III. Kontemplation

Kontemplation bedeutet in sich gehen und evidente Wahrheiten, zum Beispiel die Vergänglichkeit, in sich selber erkennen und auf sich selber beziehen.

Kontemplation ist kein Nachdenken. Denken ist diskursiv, geht von einem Punkt zum nächsten, vom Hundertsten ins Tausendste, dreht sich meistens im Kreis und ist dazu da, den Alltag zu meistern. Diskursives Denken findet immer nur im Kopf statt; Gefühle, die es auslöst, werden im allgemeinen nicht beachtet. Kontemplation hingegen beginnt mit der Empfindung, die sich in einem ausbreitet, und kommt durch den Denkprozeß zum Verstehen.

Es ist wichtig, den Unterschied zu erkennen: Kontemplation ist kein diskursives Denken, sondern *intuitives Wissen.*

Kontemplation ist jeweils auf ein einziges Thema gerichtet, mit dem man sich nicht denkend, also logisch-linear befaßt, sondern empfindens- und erkennensmäßig. Die Konsequenz daraus ist eine veränderte Haltung sich selber und der Welt gegenüber.

Kann man keine innere Verbindung zu dem gewählten Thema finden, ist es unmöglich, es zu kontemplieren. Stößt man beim Ziehen der Konsequenz auf die leiseste Abwehr, muß man ihr auf den Grund gehen.

Kontemplation ist ein wichtiges Hilfsmittel, Klarblick zu

erlangen, und eine große Hilfe für die Meditation. Sie kann auch in der Meditation spontan hochkommen.

Als erstes sind die *fünf täglichen Betrachtungen/Erinnerungen* zu kontemplieren. Der Buddha hat sie so genannt, weil man sich täglich daran erinnern soll, denn sie sind Naturgesetze, denen jeder unterworfen ist. Es sind aber Dinge, die uns unangenehm sind und die wir deshalb lieber vergessen, wir kehren sie sozusagen unter den Teppich. Wenn sie dann doch passieren, sind wir nicht nur überrascht, sondern erschreckt, und halten sie für eine Tragödie, weil wir uns nicht klargemacht haben, daß sie eine Selbstverständlichkeit sind. Wenn wir uns täglich daran erinnern, verändert das unsere Denk- und Handlungsweise.

*

Lenkt bitte zu Beginn die Achtsamkeit für einen Moment auf den Atem.

*

1. *Ich bin dem Verfall unterworfen. Ich kann dem Verfall nicht entgehen.*

Schaut bitte in euch und prüft, ob das stimmt, ob es eine Bedeutung für euch hat, wieso es eine Bedeutung hat, was das Tiefgründige daran ist, so daß diese Erkenntnis euch ändern kann.

*

2. *Ich bin der Krankheit unterworfen. Ich kann der Krankheit nicht entgehen.*

Prüft auch hier nach, ob das in der Vergangenheit gestimmt hat; wenn ja, stimmt es in der Gegenwart und Zukunft auch. Was bedeutet das in bezug auf das Eigentumsrecht an unserem Körper?

*

3. Ich bin dem Tode verfallen. Ich kann dem Tode nicht entgehen.

Was bedeutet das für uns, wenn wir uns täglich daran erinnern? Bedeutet es Fließen, Mitgehen, Akzeptieren oder aber Angst, Furcht, Unglücklichsein?

*

4. Alles, was mein und mir lieb ist, muß sich ändern und entschwinden.

Hier ist es nötig nachzuprüfen, ob es für die Vergangenheit stimmt: Menschen, Situationen, Gefühle, Erlebnisse oder auch Eigentum. Haben sie sich geändert und sind entschwunden? Wenn ja, was bedeutet das in bezug auf die Menschen und Dinge, die einem jetzt lieb sind?

*

5. Fünf Betrachtungen über *Karma*[1]:

1. Ich bin der Eigentümer meines Karmas.

Das bedeutet, man ist der Eigentümer der Resultate dessen, was man in die Wege geleitet hat, und übernimmt volle Verantwortung für alles, was einem geschieht.

*

2. Ich bin der Erbe meines Karmas.

Wenn wir ein wertvolles Erbe antreten wollen, müssen wir es in diesem Fall selber herstellen.

*

[1] *Karma* bedeutet eigentlich *Handlung.* Der Buddha hat aber die Bedeutung dieses Begriffes geändert: „*Karma,* ihr Mönche, erkläre ich, sind die Absichten." – Obwohl wir sagen: *mein Karma,* ist das in der absoluten Wirklichkeit nicht richtig; da gibt es nur Ursachen und Wirkungen. Es gibt also nicht einen Schuldigen, der bestraft, oder einen Guten, der belohnt wird. Es gibt einfach die Absichten und deren Resultate.

3. Ich bin von meinem Karma geboren.
Wo immer wir uns befinden – Familie, Land, Situation –, ist ein Resultat unseres eigenen *Karmas.*

*

4. Ich bin mit meinem Karma eng verknüpft.
Es ist die engste Beziehung, die wir je haben können. *Karma* ist das einzige, was wir *mein* nennen können.

*

5. Ob ich gutes oder schlechtes Karma mache, dessen Erbe werde ich sein.
Das ist so zu verstehen, daß *Karma* uns in die Gegenwart bringt, da wir mit jeder Wahl irgendein *Karma* machen und ständig unser Erbe antreten. Es liegt nur an uns, was für ein Erbe wir haben. Es handelt sich um das Naturgesetz von Ursache und Wirkung.

Dieses Kontemplieren braucht nicht so verbalisiert zu sein, wie ich es eben gemacht habe, aber anders kann ich die Gedanken nicht übermitteln. Kontemplieren kommt im allgemeinen als ein Erkennen in einem hoch, das dann zwar verbalisiert wird, aber nur kurz.

Um deutlich genug zu machen, worauf es ankommt, möchte ich auf die erste der *fünf täglichen Erinnerungen* noch einmal ausführlich eingehen.

Ich bin dem Verfall unterworfen. Ich kann dem Verfall nicht entgehen.

Man muß in sich hineinschauen und sehen, ob der Verfall tatsächlich stattfindet, es nicht einfach hinnehmen: „Wenn sie so sagt, wird es schon stimmen."

Schaut in euch hinein: Habe ich noch alle Zähne, alle Haare, dieselbe glatte Haut, kann ich noch genauso schnell rennen wie einst, bin ich noch genauso alt, habe ich vielleicht schon eines meiner inneren Organe in einem Krankenhaus eingebüßt? Was kann ich in mir erkennen, das diesen Verfall bestätigt? Wenn ich nichts erkennen kann, bin ich dem Verfall wohl nicht unterworfen?

Wenn ihr aus eigener innerer Anschauung den Verfall erkannt habt, wird euch klarwerden, welche Konsequenzen ihr daraus zu ziehen habt, daß in euch ein *ständiger Verfall* vor sich geht; anders läßt sich ja nicht erklären, daß plötzlich ein größerer Verfall sichtbar wird.

Die Antwort darauf muß aus dem Inneren kommen; sie kann für jeden anders lauten, sollte aber immer auf dasselbe hinauslaufen: Wenn ich ständigem Verfall unterworfen bin, kann, jedenfalls im Körper, keine feste Substanz zu finden sein.

Fühlt ihr bei dieser Innenschau einen Widerstand gegen die Naturgesetze, gilt es zu erkennen, daß er euch nicht nur nichts nutzt, sondern schadet. Jeder Widerstand, den man in sich trägt, ist eine Barriere gegen Erkenntnis: Wir wollen die Naturgesetze nicht wahrhaben, versuchen sie zu übertünchen, sogar wortwörtlich: Ich habe vor Jahren einmal gelesen, daß in Amerika jährlich zwanzig Millionen US-Dollar ausgegeben werden, nur um die Farbe eines Körperteils zu verändern – Haare, Nägel, Lippen, Augenlider und -brauen, Haut. Abgesehen davon, daß es diese Unsumme Geld verschlingt und sowieso nicht funktioniert, bedeutet es, daß wir den Verfall nicht wahrhaben, also die Wahrheit nicht wissen wollen.

Der Buddha hat nur eines gelehrt: *„die Dinge so sehen, wie sie wirklich sind“*. Wir müssen erst einmal die Wahrheit über uns selber kennenlernen. Wenn wir Widerstand spüren, müssen wir erforschen, was uns dazu veranlaßt. Ist kein Widerstand da, haben wir uns zu prüfen: Erinnere ich mich auch täglich und ziehe meine Konsequenzen daraus, daß ich ständig verfalle und im Grunde sehr wenig Zeit übrig habe? Mache ich aus dieser wenigen Zeit von heute bis zum Tode, der uns allen garantiert ist, wirklich das Beste? Oder bin ich immer noch dabei und daher überbeschäftigt und immer in

Eile, irgend etwas hinterherzurennen, nach irgend etwas zu greifen, das gar nicht zu finden ist, nämlich die Erfüllung, die von außen kommen soll?

All das müßt ihr in euch selber erkennen, nur dann macht es einen Eindruck. Weisheit kommt nur von einer Quelle: aus unserem Inneren. Man braucht etwas Wissen, Information, Verständnis, aber Weisheit kommt nur von den eigenen Erfahrungen. Nur dann ist es ein *erkanntes Erleben.* Man kann ihm durch Kontemplieren den Weg bahnen.

Ich kann nur Anregungen geben, so daß ihr eine Vorstellung habt, wie ihr kontemplieren könnt. Es soll auf keinen Fall etwas sein, das ihr einfach glauben sollt. Der Buddha hat niemals blinden Glauben gefordert. Er hat nur um soviel Vertrauen in seine Lehre gebeten, daß man sie selber nachprüfen und ausprobieren mag, zumindest den Widerstand dagegen fallenläßt. Wer das kann, wird fähig zu erkennen, wie es in ihm wirklich aussieht.

Überhaupt ist die ganze Buddha-Lehre ein Anstoß zum Selbermachen. Sie ist eine Lehre ohne Guru. An nichts und niemandem kann man sich festhalten, sie lehrt ja die Unbeständigkeit, das Fließen. Auch unser Innenleben fließt. Wir können uns aber in den richtigen Fluß bringen.

Da fast alles, was uns geschieht, Resultate sind, die wir selber in die Wege geleitet haben, kann es von großem Nutzen sein, in der Kontemplation einmal zu prüfen, welche Art von Geschehnissen sich in eurem Leben oft wiederholt haben, ob ihr ein *Muster* darin erkennen könnt. Niemand ist so blind, wie wenn er sich selber anschauen will; als trügen wir alle Scheuklappen. Vor allem lohnt es sich, einmal dort genau hinzuschauen, wo immer wieder dieselben Schwierigkeiten aufgetreten sind. Sie zu kontemplieren läßt erkennen, wo der Läuterungsprozeß am nötigsten ist.

Thema einer Kontemplation, die in eine Meditation übergeht, können die *vier Grundelemente* sein, aus denen wir genauso bestehen wie alles andere im Universum. Sie sind körperliche Merkmale.

Das erste, das *Erdelement*, die Festigkeit, findet sich in allem, was existiert, so auch in den anderen Grundelementen. Wäre zum Beispiel im *Wasser*, dem zweiten Element, das Erdelement nicht enthalten, könnten wir weder darin schwimmen noch mit dem Boot darauf fahren, könnten die Wassertiere nicht darin leben. In uns ist das Wasserelement ganz klar zu erkennen, wir bestehen zum größten Teil aus ihm, ohne es zu merken, aber am Speichel, Blut, Urin, Schweiß können wir es deutlich sehen. Vor allem ist es das Bindeelement, wie Wasser Mehl zu einem Teig bindet; andernfalls würden alle unsere Zellen einzeln herumspazieren. Dann kämen wir nie auf die Idee zu sagen: „Das bin *ich*."

Das dritte ist das *Feuerelement*, die Temperatur; das vierte das *Luftelement*, die Winde im Körper und die Bewegung, die wir mit dem Wind draußen vergleichen können und mit der Bewegung, die sich in allem zeigt, da alles ständig zerfällt und wieder zusammenkommt.

Es gibt noch zwei weitere Elemente, die aber erst in den meditativen Vertiefungen vollkommen zu erkennen sind: *Bewußtsein* und *Raum*.

Diese vier Elemente zu kontemplieren hilft einem sehr, sich nicht von dem getrennt zu fühlen, was um uns herum existiert, allmählich die Angst zu verlieren, die jeder mit sich trägt und die verschiedene Namen hat: Angst vor der Atombombe, vor dem Tod, vor dem ökologischen und/oder ökonomischen Kollaps; Angst, die geliebten Menschen zu verlieren. Welchen Namen man ihr auch gibt – es ist immer die Angst, von der Umwelt vernichtet zu werden.

Gegen diese Angst hilft, sich hingeben zu können. Widerstand leisten, sich absondern und einkerkern in einem abgesteckten Bezirk: dem eigenen Körper, der eigenen Familie, der eigenen Wohnung, ist ein Auftakt zu ständiger Angst vor Einbrechern. Es muß kein Räuber sein, der auf unsere Juwelen aus ist, es kann ein Räuber sein, der einem das Ego nicht mehr bestätigt. Wenn wir aber unsere selbstgesteckten Grenzen einmal durchbrechen und auf das Ganze schauen, können wir sehen, daß unser Leid, das wir durch den Körper erleben, ja auch nicht individuell ist. Wenn diese vier Grundelemente unseren Körper ausmachen, müssen alle anderen Körper auch dem Leid unterliegen.

Wenn man also nicht mehr so individuell denkt und erlebt, sondern universell sieht und erkennt, sieht die Welt ganz anders aus. Statt uns abzusondern und die Welt in Gut und Böse aufzuteilen, erkennen wir in uns die gleichen Grundelemente, die sich in allem zeigen, in Ameisen, Flüssen, Wolken, Steinen genauso wie in uns Menschen, nur in anderen Proportionen. Gelangen wir zu der Einsicht, daß wir dieses *Ich* nur in uns hervorbringen, weil wir anhaften an einer kleinen Portion Erd-, Wasser-, Feuer- und Luftelement, wird uns vielleicht unsere Torheit vor Augen treten.

Wenn man irgendwann einmal eine tiefe *Einsicht* gehabt hat in sich selber, die eine absolute Wahrheit ist, so ist es nötig, sie immer wieder zum Leben zu bringen. Einsicht geht zwar nicht verloren, sie geht sozusagen in den Hintergrund. Wenn man sie sich nicht immer wieder vergegenwärtigt, vergißt man sie. Es ist also nötig, jegliche Einsicht nicht nur in der Meditation, sondern auch in der Kontemplation so lange immer wieder hervorzubringen, noch einmal anzuschauen und zu vertiefen, bis sie einem zur zweiten Natur geworden ist.

Kontemplation ist ein sehr wichtiger Bestandteil des spirituellen Lebens. Meditation allein genügt nicht; sie ist ein Mittel zum Zweck: Sie beruhigt den Geist und bringt uns zu einem inneren Erleben. Aber wenn wir uns in der übrigen Zeit nicht bemühen, Verständnis für uns selber zu finden, schneiden wir die Meditation von unserem Leben ab, als wäre sie eine Art Hobby, das wir für einige Stunden betreiben, und dann tun wir wieder etwas ganz anderes. Meditation ist aber – das kann ich nicht oft genug betonen – kein Hobby, sondern eine Vorbereitung auf ihren einzigen Zweck: Klarblick. Zweck der Kontemplation ist es, diesem Klarblick nachzuhelfen.

Fragen und Antworten

F: Kann man das, worüber du gesprochen hast, auch in der Meditation erkennen, ohne je etwas von der Lehre gehört oder gelesen zu haben?
A: Ja natürlich. Die Elemente sind im allgemeinen ein spontanes Meditationserlebnis. Ich habe sie erwähnt, weil es meiner Erfahrung nach hilfreich ist, wenn man eine gewisse Richtung weiß. Es muß trotzdem ein Meditationserlebnis werden.
F: Ist es dann nicht besonders günstig, im Freien zu meditieren, zum Beispiel unter einem Baum oder auf einem Berg, so daß man zum Beispiel das Windelement oder auch die Festigkeit des Steins ganz stark spürt und auch sich selbst als Element fühlt?
A: Ja, man kann sich zum Beispiel manchmal vorkommen, als wäre man der Wind oder die Erde, je nachdem wie leicht oder schwer man sich gerade fühlt.

IV. Wege zum Klarblick

1. Klarblick durch Erkennen der Unbeständigkeit (anicca) (Achtsamkeit auf den Körper)

Klarblick ist abhängig von *Achtsamkeit.*

Wir alle haben Achtsamkeit als eine Charaktereigenschaft, die uns ermöglicht zu überleben, und wir benutzen sie im allgemeinen auch nur soweit sie uns dazu notwendig erscheint und uns Alltag und Beruf erleichtert. Ohne Achtsamkeit würden wir vom erstbesten Auto überfahren.

Da wir die Fähigkeit zur Achtsamkeit haben, ist es möglich und gar nicht so schwierig, sie zu verstärken. Wir brauchen nichts anderes zu tun, als auf die kleinsten Details genau aufzupassen.

Beim Atem zum Beispiel auf Beginn, Mitte und Ende beim Ein- wie beim Ausatmen. Bei jedem Gedanken, der in der Meditation hochkommt, erkennen, wie er kommt, bleibt und geht, was uns im Alltag nie in den Sinn käme, schon deshalb nicht, weil wir uns keinen Vorteil davon versprechen.

Konzentration ist die Fähigkeit, die Achtsamkeit immer mehr zuzuspitzen, bis wir sie eines Tages auch bei unseren alltäglichen Verrichtungen nicht mehr verlieren.

Achtsamkeit verstärkt sich allmählich, man braucht sehr viel Geduld mit sich selber, vor allem zu Beginn der Praxis.

Wer keine Geduld mit sich selber hat, hat sie auch nicht mit anderen.

Man muß auch wissen, wozu man Achtsamkeit entwikkelt: um einmal die Wahrheit hinter der Relativität zu sehen und eines Tages zu erkennen, wozu man wirklich auf der Welt ist. Was wirklich wichtig ist in einem Leben als Mensch übersehen wir vor all den Versuchungen, die uns auf Schritt und Tritt dazu auffordern, ihnen nachzulaufen. Wir sind intelligente Menschen, denen das klar sein sollte, aber ohne Meditation wird es keinem klar.

Es kann aufschlußreich sein, sich mit Papier und Stift hinzusetzen und aufzuschreiben, was fortan das *Wichtigste in unserem Leben* sein soll, worauf wir unsere ohnedies begrenzte Energie konzentrieren wollen.

Man schreibt etwas hin, überlegt, streicht es wieder aus, findet etwas noch Wichtigeres, streicht auch das wieder aus und hat am Ende ein Blatt voll wieder durchgestrichener Prioritäten.

Hat man schließlich etwas gefunden, muß man achtsam mit sich umgehen, um dafür dann auch genügend Kraft und Zeit zu haben und nicht Gefahr zu laufen, sich zu verzetteln. Die Gefahr der Ablenkung ist allgegenwärtig. Unser Geist ist neu-gierig.

Wenn wir wissen, was das Wichtigste für uns ist, und dem unbeirrbar folgen, leisten wir freiwillig Verzicht. *Entsagung* ist der Weg zum Glück. Nicht noch mehr haben, wissen, können, konsumieren wollen, sondern dieses weltliche Leben durchschauen und sich dem Überweltlichen zuwenden.

Wer das als seine Aufgabe und Hauptsache im Leben ansieht, wird seine Energie nicht weiterhin vergeuden.

Das Mittel zu allem ist Achtsamkeit. Sie ist nichts weiter als Erkennen. Das ist es, was wir in der Meditation kultivieren und deshalb dann auch im Alltag verfügbar haben.

Der Körper als Grundlage der Achtsamkeit

„*Wer den Körper nicht untersucht und erkennt*", sagt der Buddha, „*kann nicht Nibbāna erleben und nicht zum Ende allen Leides kommen.*"

Da der Körper für uns so leicht zu sehen und zu fühlen ist, ist es das einfachste, Achtsamkeit an ihm zu praktizieren, und zwar so, daß wir in die kleinsten, verborgensten Elemente eindringen können.

Über Atem und Gehen habe ich schon gesprochen. Jede Handlung mit dem Körper kann eine Grundlage der Achtsamkeit sein, zum Beispiel *essen*:

Beobachtet einmal jede Bewegung, die nötig ist, um zu essen. Als erstes müssen wir Besteck zur Hand nehmen, zum Beispiel einen Löffel. Von der Berührung Hand – Löffel entsteht ein Druck. Dann tauchen wir den Löffel in die Speise ein, das ist eine Bewegung; als nächstes füllen wir den Löffel, führen ihn zum Mund, öffnen den Mund, tun die Speise hinein und schließen ihn wieder. Dann kommt das Kauen und beim Kauen das Schmecken und schließlich das Schlucken. Es ist ein hochkomplizierter Vorgang, auch nur einen Löffel Müsli hinunterzubekommen. Nachdem man ihn geschluckt hat, kann man spüren, wie der Nahrungsbrei weiter in den Körper hinunterwandert.

Wenn man in dieser Weise achtsam ißt, kommen einem viele Dinge zu Bewußtsein, die man bislang kaum beachtet hat: Schmeckt es, will man mehr; schmeckt es nicht, ärgert man sich vielleicht sogar.

Es ist ganz deutlich zu erkennen, daß der Geist die Befehle gibt und der Körper folgt. Das ist der erste Schritt zur Einsicht; daß wir uns nicht mehr als eine Masse im Ganzen sehen, die vielleicht 1,70 m groß ist, 60 kg wiegt, blonde Haare hat, sich über dieses zu ärgern und jenes zu freuen pflegt und *Ich* heißt.

Wollen wir dahinterkommen, was wirklich in uns vorgeht,

ist der erste Schritt, *Geist und Körper zu trennen* und zu erkennen, wie der Geist alles beherrscht. Es sind zwei voneinander abhängige Einheiten. Was im Körper geschieht, wird durch den Geist reflektiert. Leider wird oft gelehrt, Körper und Geist seien eine Einheit, die zusammenarbeitet. Im Gegenteil – nehmt sie auseinander, analysiert sie.

Wenn der Geist nicht existiert oder möglicherweise zu einem Punkt gekommen ist, wo er nicht mehr lebensfähig ist, hat der Körper keinerlei Befugnisse.

Wenn wir dank Achtsamkeit an uns selber merken, daß der *Geist der Herr* und der *Körper nur der Diener* ist, haben wir einen großen Schritt getan: Es ist uns endlich klar, daß wir uns um unseren Geist kümmern müssen, und zwar einschneidend genug, daß er eine höhere Bewußtseinsebene ansprechen kann, was durch Meditation geschieht.

Es fällt leider den meisten Menschen sehr schwer, zur Ruhe zu kommen mit ihrem Geist. Das liegt auch an unserem westlichen Erziehungssystem und unserer westlichen Ideologie, die uns anhalten nachzudenken und den Geist zu benutzen, um das Weltsystem zu verstehen. Aber wer versteht schon das Weltsystem, und selbst wenn: Was nützt es ihm? Man muß sich selber verstehen.

Weil es so schwer ist, einmal wirklich nur zu empfinden und zu erleben statt zu denken, müssen wir anfangen, uns darüber etwas mehr Klarblick zu verschaffen. Wenn wir in uns selber klarer sehen, kommen wir auch leichter zur Ruhe.

Das erste, was es zu erkennen gilt, ist die *Unbeständigkeit.* Keiner wird daran zweifeln, daß er unbeständig ist. Aber verhält er sich auch dementsprechend?

Unbeständigkeit zu erkennen nicht nur als einen Teil von uns, sondern als unsere Natur, hilft uns zum Beispiel, die Gedanken fallenzulassen. Sie nützen uns überhaupt nichts in der Meditation und im Alltag nur insofern es sich um weltliche Handlungen und weltliche Ziele und Zwecke handelt.

Denken kann erkannt werden als das, was es ist: eine Reflextätigkeit des Geistes aus tief eingefleischter Gewohnheit. Da es sich ständig ändert, kann man nichts darauf aufbauen, und wozu auch?

In der Meditation können wir beobachten, wie fließend, unbeständig, sich dauernd verwandelnd Denken ist. Je näher wir dem inneren Erleben der Wandelbarkeit der Gedanken kommen und einsehen, wie unbefriedigend sie sind, desto leichter ist es, sie loszulassen.

Wozu auch etwas nachrennen, das keinerlei Substanz hat? Das ganze *spirituelle Leben* ist ein *Leben des Loslassens*, das genaue Gegenteil also zum weltlichen Leben des Anhäufens, Raffens, Festhaltens, Anhaftens. Haben- und Behaltenwollen ist unsere Gewohnheit, im Loslassen müssen wir uns wieder und wieder üben.

Mit der nötigen Achtsamkeit werdet ihr in euch selber erleben, daß ihr gar nichts festhalten könnt, weil alles fließt, ihr euch also bisher eine unlösbare Aufgabe gestellt habt.

Wir versuchen, Menschen, Dinge, Situationen, Erlebnisse, uns selber – diese Person, die wir *Ich* nennen – festzuhalten, zu stabilisieren, eine separate Einheit daraus zu machen. Das ist nicht nur unmöglich, sondern auch, weil nutzlos, höchst unbefriedigend und nichts weiter als Ausdruck menschlicher Dummheit.

Es sind aber nicht nur unsere Gedanken, die ständig fließen und fließen müssen, solange wir am Leben sind, es ist vor allem unser Körper. Der Atem, der ein- und ausströmt, zeigt dem Meditierenden ohne jeden Zweifel modellhaft das Hauptmerkmal des Körpers, nämlich seine Unbeständigkeit. Er muß sich bewegen, muß sich ändern, um lebendig zu sein; das Blut muß sich bewegen, Herz, Lungen, jede Zelle, sonst sind sie abgestorben.

Die Änderung geschieht in jedem Augenblick, und das erschwert uns das Verständnis. *Die Kontinuierlichkeit verdeckt die Unbeständigkeit.*

Den Körper als Grundlage der Achtsamkeit zu verwenden ist deshalb so wichtig, weil wir ihm erstens soviel Bedeutung beimessen. Wir haben eine falsche Perspektive diesem *Ich* gegenüber, das den Körper bevorzugt. Nicht daß wir ihn vernachlässigen sollten, wir sollten ihn aber auch nicht bevorzugen. Jeder, der nicht meditiert, kann gar nicht anders als sich ständig um das Wohlergehen des Körpers kümmern, ist ganz unbekümmert indes um das Wohlergehen des Geistes.

Solange wir in der menschlichen Sphäre leben, brauchen wir ihn als Gehäuse für den Geist. Aber wäre es nicht bedeutend angenehmer, wir könnten zum Beispiel meditieren ohne den Körper und seine ständigen Bedürfnisse? Das einzusehen bestärkt die Dringlichkeit, aus dieser nicht wünschenswerten Existenz ein für allemal herauszukommen.

Zweitens müssen wir erkennen lernen, wie der Körper sich ständig bewegt und verändert, keinerlei Substanz hat, sondern nur aus Energieteilchen besteht, die auseinanderfallen und wieder zusammenkommen. Nur weil das so schnell geht, erweckt es den Anschein von fester Masse.

Nicht nur in der Meditation ist es möglich und nötig, den Körper als Grundlage der Achtsamkeit zu benutzen, sondern auch im *Alltag*. Achtsamkeit den Tag über hilft die Meditation verbessern, umgekehrt hilft uns die Meditation, den Alltag einfacher, effektiver, friedlicher, harmonischer, zufriedenstellender zu gestalten.

Geschirrspülen zum Beispiel bietet eine sehr gute Gelegenheit aufzupassen, was die Hände machen, statt diese Arbeit zu verwünschen und an alles mögliche dabei zu denken, das mit Geschirrspülen nicht das geringste zu tun hat. Geschirr spülen beim Geschirrspülen! Werdet jeder Handbewegung gewahr; das heißt, der Geist bleibt bei dem, was er unternimmt. Nicht nur, daß man weniger Geschirr zerbricht, man kann sich in dem Moment auch nicht über seine Probleme aufregen, weil man nicht zwei Dinge zugleich im Geist bearbeiten kann.

Wenn man ganz auf den Augenblick konzentriert ist, tritt das, was geschieht, viel plastischer hervor; man ist nicht so benebelt und auch nicht so überwältigt von den unerfüllt gebliebenen Wünschen und noch nicht realisierten Hoffnungen.

Achtsamkeit auf das, was man effektiv gerade tut, befähigt einen auch, es gut zu tun. Das allein macht das Leben schon viel einfacher.

2. Klarblick durch Erkennen der Leidhaftigkeit (dukkha)

„Ich lehre nur eines, und das ist Leid und davon loszukommen.“

Wer diese Worte des Buddha zum ersten- oder auch zweitenmal hört oder liest, mag vielleicht denken: „Was für eine traurige, pessimistische Lehre! Das ist nichts für mich, Leid habe ich sowieso schon genug.“ Genau darum handelt es sich aber: Wir haben Leid. Der Buddha zeigt uns den Grund dafür und den Weg heraus. Das ist weder pessimistisch noch traurig, das ist realistisch. Er zeigt uns die Wirklichkeit, wie sie ist, nicht wie wir meinen, daß sie sei oder wie wir sie gerne hätten. Einer der Gründe für unser Leid ist nämlich, daß wir die Welt anders haben wollen, als sie ist.

Wenn wir einmal akzeptieren, daß es auf der Ebene des weltlichen Bewußtseins unmöglich ist, volle Erfüllung zu finden, so sehr wir uns auch bemühen, haben wir die Hälfte unseres Leides schon abgelegt. Wenn wir uns um Unerreichbares bemühen, haben wir Enttäuschungen, oft gar Haß und vor allem Angst. Das ist das Leid, mit dem wir zu leben haben, wenn wir nicht erkennen, daß die Naturgesetze uns mit einschließen, vor allem das Naturgesetz der *Veränderung* und dadurch hervorgerufenen Reibung. Wie könnten wir Ruhe, Frieden und Erfüllung in etwas finden, das ständiger Veränderung unterworfen, unmöglich festzuhalten ist?

Wir sind ganz und gar bereit, diese Veränderung in Bäumen und Sträuchern anzuschauen, sind entzückt, wenn sie im Frühling wieder blühen, finden es ein bißchen traurig, wenn die Veränderung dahin geführt hat, daß alles nackt und kahl aussieht, erkennen sie aber fraglos an und mögen sie vielleicht sogar.

In uns selber müssen wir sie aber in der gleichen Weise erkennen und akzeptieren. Dann können wir auch akzeptieren, daß Veränderung, genau wie bei den Bäumen und Sträuchern, Zustände mit sich bringt, wo nichts zu finden ist, ein kleiner Tod.

Wenn wir *dukkha* erkennen als Veränderung und nichts weiter, wird es uns zum Wohl, nicht zum Leid gereichen. Denn von Tod zu Leben und Leben zu Tod geschieht nichts weiter als Veränderung. Wir aber machen Leid daraus: Gestern hat sie mich noch geliebt, heute nicht mehr... Eine kleine Katastrophe? Nur Veränderung. Gestern war der geliebte Mensch noch bei mir, heute ist er tot oder weggelaufen oder will nichts mehr von mir wissen ... Veränderung. Gestern war ich jung und kräftig, heute bin ich alt und gebrechlich ... nichts weiter als Veränderung.

Die größten Veränderungen, die wir haben, sind Geburt und Tod. Obwohl der Tod eine Selbstverständlichkeit ist, lehnen wir uns gegen ihn auf. Weil wir immer wieder gegen Selbstverständlichkeiten rebellieren, leiden wir immer wieder.

Macht einmal die Probe aufs Exempel: Kann ich mit vollkommener Klarheit, Ruhe und Besonnenheit die Tatsache akzeptieren, daß Sterben die Folge des Geborenwerdens ist? So wie der Atem kommt, bleibt und geht.

Das einmal tief in sich hineinnehmen und damit leben bringt inneren Frieden.

Man muß es natürlich auch auf die Menschen beziehen,

die man *mein* nennt: *meine* Frau, *mein* Mann, *meine* Kinder, *meine* Eltern, *mein* ... Natürlich gehören sie uns nicht. Wir nennen sie so, weil wir so denken und Sprache aus dem Denken entsteht. Daß wir die Konvention der Sprache beibehalten, ist klar, aber wir brauchen dieses Denken nicht beizubehalten. Wir denken sogar *mein* spiritueller Weg; er gehört mir, und er wird mir Sicherheit geben.

All die Dinge, an denen wir festhalten, sind genauso substanz- und kernlos wie dieses *Ich* selber, und deshalb fühlen wir uns auch nie ganz sicher.

Es ist unmöglich, Mensch zu sein und nicht zu leiden, aber es ist möglich, das Leid zu überwinden.

Als ersten Schritt müssen wir einsehen, daß im Weltlichen keine Erfüllung zu finden ist, wir aber eine *überweltliche* Bewußtseinsebene erreichen können. Später werden wir auch sie als veränderlich erkennen. Aber erst einmal müssen wir aus der weltlichen herauskommen.

Auf der weltlichen Bewußtseinsebene pflegen wir uns auf verschiedene Weisen mit unserem Leid auseinanderzusetzen.

Die erste ist, unser Leid anderen anzukreiden. Ein ganz beliebter Sündenbock sind die eigenen Eltern, sie hätten es nicht richtig gemacht. Wie sollten sie denn, sie sind ja auch nicht erleuchtet. Können wir keinen persönlichen Feind als Urheber unseres Leids finden, suchen wir einen allgemeinen: eine Ideologie oder Regierung, irgendwelche Gesetze oder Gruppen.

Die Schuld anderen zuzuschieben macht das Leid nur größer statt kleiner: Man fühlt sich übervorteilt und leidet doppelt.

Heutzutage ist es geradezu kollektiv, Umweltverschmutzung und Atombombe für unser *dukkha* verantwortlich zu machen. Ich kann euch garantieren, daß die Menschen vor zweieinhalbtausend Jahren, zu Lebzeiten des Buddha, als es beides noch nicht gab, genausoviel *dukkha* hatten wie wir.

Eine zweite Reaktion auf *dukkha* ist Weglaufen, sich körperlich entfernen. Selbst wenn man ans andere Ende der Welt fliegt – *dukkha* steigt mit ins Flugzeug. Räumliche Entfernung bringt allenfalls Abwechslung und Ablenkung. Gemäß dem Prinzip der Vielfalt (*papañca*) sind die Möglichkeiten, *dukkha* durch Ablenkung zu übertünchen, unerschöpflich: etwas Neues sehen, hören, essen, lesen, bereden, ein neuer Job, neuer Partner, neuer Lehrer, ein neues Haus, neues Studium, eine neue Meditationsmethode ... Hauptsache: neu.

Eine häufige Reaktion auf *dukkha* ist Selbstmitleid. Das ist lebensgefährlich. Es macht das Leben erst zu komplettem Leid und geht bei vielen bis zu Depressionen, zu völligem Lebensüberdruß. Dieselbe Energie verwendet man besser auf die Entwicklung von Mitgefühl.

Wer dem Leid entfliehen will, hat es weder als ein Naturgesetz erkannt noch als ein Gefühl, das von innen, nicht von außen kommt. Jeder ist selber dafür verantwortlich.

Keiner dieser weltlichen Fluchtwege führt aus dem *dukkha* heraus. Es gibt nur eine Hilfe: das *Leid als Lehrer* ansehen. Es gibt keinen besseren Lehrmeister. Es ist der einzige Lehrer, der einen nicht losläßt. Jeder andere, zu dem man sagt, „die Knie tun so weh, ich hab genug, ich will nach Hause gehen", wird sagen, „wenn du gehen willst, dann geh". Wenn man zum Leid sagt: „Hör mal, ich hab genug, die Knie tun weh, ich will nach Hause gehen", kommt es auf der Stelle mit.

Statt davonzulaufen, sollten wir untersuchen: Woher ist es gekommen? Was ist es, das mir zum Leid gereicht, mich unglücklich macht?

So findet man heraus, daß es die eigenen Reaktionen sind auf alles, was geschieht; der Widerstand dagegen, *„die Dinge so zu sehen, wie sie wirklich sind"* – nicht mit dem körperlichen, sondern dem inneren Auge.

Wirklichkeit ist für uns Menschen eine Situation, die von

Geburt zu Tod geht, sich ständig ändert, die mit Körper, Gedanken und Gefühlen belastet ist und der keine noch so phantastischen Utopien abhelfen können.

Es gibt nur eine Möglichkeit: erkennen und akzeptieren, wie es ist, und die *Bewußtseinsebene ändern.* Wir können das Leid, das uns durch die Natur der Dinge widerfährt, nicht ändern. Wer nicht alt werden will, muß jung sterben. Alter und Krankheit sind jedem körperlich eine Last. Auch die Geburt ist eine körperliche Last. Zwischen Geburt, Krankheit, Verfall und Tod liegen unzählige Momente der Unzufriedenheit, sehr oft kann man gar nicht genau sagen wieso. Vielleicht ging etwas nicht ganz nach Wunsch oder hat sich – infolge mangelnder Achtsamkeit – ohne ersichtlichen Grund die Stimmung plötzlich gesenkt. Da man in der Situation, in der man ist, das Glück nicht finden kann, sucht man sich, wie gesagt, eine neue. Wie eine weiße Maus, die in ihrem Käfig auf einem Spielrad herumläuft, bewegen wir uns im Kreis.

Wir haben als Menschen unsere fünf Sinne. Sie bringen uns, wenn wir gutes *Karma* haben, viele Annehmlichkeiten und machen uns glauben, wir könnten dadurch dem Leid entgehen. Jeder, der nicht darüber nachgedacht hat, benutzt Zeit und Energie, um die Annehmlichkeiten durch die Sinne wiederzubekommen. Das ist der ewige Kreislauf, der uns nie aus der Situation herausbringt, in der wir sind, wo das Leid nur darauf wartet, erkannt zu werden. Gegenwärtig ist es ja in jeder Sekunde, schon deshalb, weil keine Sekunde so bleiben kann, wie sie war.

Das zu erkennen ist der Klarblick, ist der Schritt, der einen dazu führt, die Suche nach weltlicher Befriedigung hinter sich zu lassen.

Das bedeutet nicht, kein warmes Bad mehr zu nehmen oder nichts Leckeres mehr zu essen. Es bedeutet, daß es nicht darauf ankommt, was es ist, wieviel und wann. Es bedeutet, daß man nicht mehr in Sinneskontakten, wie angenehm sie auch sein mögen, die Erfüllung sucht. Man konzentriert vielmehr seine Energie auf das Bemühen, die Dinge in ihrer Wirklichkeit zu erkennen.

Einmal ging der Buddha bei seiner täglichen Almosenrunde leer aus, weil die Dorfbewohner gegen ihn aufgehetzt worden waren. Er setzte sich hin und fing an zu meditieren. Ein Wanderer kam des Weges, sah den Buddha mit der leeren Almosenschale dasitzen und sprach ihn an: „Es tut mir so leid, daß Ihr heute nichts zu essen habt. Ein unglücklicher Tag für Euch!" Der Buddha erwiderte: „Wir ernähren uns von innerer Freude" und fuhr fort zu meditieren.

Wenn man die Vergänglichkeit in sich selber erlebt, am besten in der Meditation, löst man sich ein bißchen von diesen weltlichen Annehmlichkeiten ab, die sowieso immer mit Unannehmlichkeiten gepaart sind. Keiner hat so gutes *Karma*, daß ihm nur Angenehmes widerfährt. Man lernt, auf beide nicht zu reagieren.

In der Meditation zum Beispiel auf unangenehme Gefühle durch die Sitzstellung. Es bringt gar nichts, mit zusammengebissenen Zähnen durchzusitzen und die Situation zu verwünschen. Gleichmut lernen wir beim Nichtreagieren, nicht beim Kämpfen. Nach einem Kampf gibt es nur Verlierer, auf beiden Seiten fallen die Menschen tot um. Wir wollen kein Schlachtfeld aus der Meditation machen, sondern Gleichmut lernen, das heißt erkennen, daß angenehme Gefühle uns nicht aus diesem Kreislauf herausbringen können, auch wenn sie noch so angenehm sind, und unangenehme nur die Kehrseite derselben Medaille sind, ein Naturgesetz. Sich dagegen stemmen verursacht erst recht Leid.

Wenn man versucht, eine geschlossene Tür zu öffnen, indem man sich mit der Hand dagegenstemmt, tut einem am Ende die Hand weh, und die Tür bleibt zu. Aber wenn man akzeptiert, keinen Widerstand leistet, sondern mit der Wirklichkeit als ein Teil von ihr mitfließt, ist der größte Teil des Leides schon von einem genommen. *Dukkha* wird nur deshalb so unleidlich, weil wir uns dagegen stemmen.

Wenn wir erkennen, daß wir ein unangenehmes Gefühl haben, und auch den Wunsch erkennen nach einem angenehmen, lassen wir diesen Wunsch einfach fallen. Das unangenehme Gefühl ist dann zwar noch da, ist aber unpersönlich geworden. Momente, in denen wir uns selber unpersönlich anschauen können, helfen uns die Wahrheit zu erkennen.

Es gibt ohnedies nur einen Wunsch, der einen Sinn hat: alle Wünsche loszuwerden.

Solange wir immer nur Frühling und Sommer wollen, sind wir unglücklich, wenn Herbst und Winter in uns einziehen.

Ich nenne das unsere *Wenn-Liste*: Alles wäre wunderbar, wenn ... mein Mann liebevoller wäre ... meine Frau auch meditierte ... die Kinder endlich verheiratet wären ... ich mich schon zur Ruhe setzen könnte ... das Wetter besser ... die Regierung nicht so korrupt wäre ... die Atombombe verboten würde ... Dann würde ich das Glück finden. Wenn ... Unendlich, diese Liste! Ehe man ein ‚Wenn' erledigt hat, steht schon das nächste auf der Warteliste.

Man kann damit zu keinem Ende kommen, denn man ändert sich ja ständig und findet immer neue Plätze, das Glück zu suchen.

Selbst die Atombombe – was zerstört sie denn? Den Körper, die Materie. Sie ist Materie und zerstört Materie.

Sobald wir begriffen haben, daß auf der weltlichen Ebene Erfüllung nicht zu finden ist, werfen wir unsere *Wenn*-Liste weg, wenden uns von der weltlichen Ebene ab.

Dieses Abwenden bringt dann eine *Dringlichkeit der Praxis* mit sich, die erst aufkommt, wenn man erkannt hat, was Leid wirklich ist. Nicht anderer Menschen Leid und nicht das vorübergehende, das uns dank dem Mechanismus des Vergessens bald wieder entfällt, sondern Leid, das ständig ist, weil wir nichts haben, an dem wir uns festhalten können.

Mit Beendigung allen Leids, dem Versprechen des Buddha, ist natürlich nicht gemeint, daß eines Tages überhaupt kein Leid mehr existiere. Das wäre ja vollkommen unrealistisch. Gemeint ist die Fähigkeit des menschlichen Geistes zu Wachstum und Reife, so daß er auf das Weltliche nicht mehr reagiert, obwohl man natürlich weiter auf dieser Welt lebt und alle Sinneskontakte hat.

Ein reifer, geläuterter Geist ist weich, kann sich ausweiten und in die Ferne gehen, er bewegt sich auf einer Bewußtseinsebene, die *universell* ist und nicht mehr *individuell.* Im Individuellen ist das Leid nicht loszuwerden. Auf der universellen Ebene aber sind wir nichts als Materie, die durch unser *Karma* der Begierde entstanden ist. Die Materie unseres Körpers ist hervorgerufen durch den Geist, der hiersein wollte. Kein gewöhnlicher Geist ist gewillt, nicht zu existieren, dadurch fabriziert er ja die Materie. Das gilt für das ganze Universum. In der Materie gibt es die vier Grundelemente und im Geist absolute Reinheit. Diese Reinheit ist verschüttet unter den Blockierungen, die wir uns selber verschafft haben.

Wenn man seine Bewußtseinsebene aus dem Individuellen erhebt, wo ständig Probleme auftauchen, die man lösen muß, unangenehme und angenehme Gefühle einander jagen, sieht man alles Existierende sozusagen aus der Vogelwarte – ein ganz anderes Bild.

Man sieht nicht lauter separate Häufchen ‚Mensch' oder ‚Baum' oder ‚Stein', empfindet keine Bedrohung mehr durch die Umwelt oder durch andere Menschen. Nicht nur, daß universell gesehen alles eins ist; wenn man sich in dieser Welt bewegt, trifft man immer nur sich selber, denn man selber ist Geist und Materie. Wenn man immer nur sich selber begegnet, macht es keinen Unterschied mehr, wer etwas hat, kann, weiß oder tut.

Auch der Tod ist dann keine Bedrohung mehr, im Gegenteil, er ist ein Teil dieses Lebens.

Angst vor dem Tod ist das stärkste Leid, weil er scheinbar vernichtet, was *ich* eigentlich haben will: *mich* selber. Wir gebärden uns, als ginge mit uns die ganze Welt zugrunde, bloß weil wir sie dann nicht mehr sehen können.

Das Leid des Todes ist der Urgrund für alle unsere Ängste.

Klarblick bedeutet auch, daß man seine althergebrachten Anschauungen, Standpunkte, Meinungen loslassen kann und jedes Geschehen so anschaut, als wäre es noch nie dagewesen. Betrachtet einmal ein Blatt, als hättet ihr noch nie ein Blatt gesehen. Nur so kann die Wahrheit hinter dem Gesehenen aufscheinen, man sieht wirklich.

Alles, was wir mit unseren Sinnen wahrnehmen, hat noch eine tiefere Bedeutung. Im allgemeinen bleiben wir an der Oberfläche der Reaktion auf das Gefühl, das die Sinneswahrnehmung hervorruft.

Sehen wir zum Beispiel einen besonders schön gewachsenen Baum, haben wir ein angenehmes Gefühl, sagen „was für ein wunderbarer Baum!", und damit ist die Sache erledigt. Schaut einmal anders hin, auf ein einzelnes Blatt. Vielleicht könnt ihr darin Leben und Tod erkennen und auf Leben und Tod in euch selber schließen, auf die Universalität eines Geschehens, das sich ständig ändert; ein ewiger Kreislauf, ohne Erfüllung.

Wenn ihr dabei den Wunsch verspürt, aus diesem Kreislauf auszutreten, werdet ihr anfangen, ernsthaft zu praktizieren. Erst dann habt ihr den richtigen Eintritt in die Meditation und könnt die Schwierigkeiten, die mit ihr verbunden sind, leichtnehmen, weil ihr wißt, daß nur die Meditation euch davon befreien kann.

3. Klarblick durch Erkennen der Substanzlosigkeit/Ichlosigkeit (anattā)

Alles Leid loswerden bedeutet, wie wir gesehen haben, nicht, das Leid höre auf – es bedeutet, das *Ich* hört auf. Wenn keiner da ist, kann keiner leiden.

Woraus wir bestehen, hat der Buddha die *fünf Daseins- oder Anhaftungsgruppen* genannt und dazu aufgefordert nachzuprüfen, ob wir noch etwas anderes finden können.

Es sind:

1. *Körper*
2. Gefühl
3. Wahrnehmung
4. Gedanken
5. Sinnesbewußtsein.

(2.–5.) = *Geist*

Das erste und stärkste, woran wir anhaften, ist der *Körper*. Wir haben ihn schon untersucht in bezug auf seine Unbeständigkeit und auch in bezug auf seine Eigenwilligkeit. Da er uns nicht gehorcht und seine Aktivitäten nach seiner eigenen Natur vollzieht, kann man wohl kaum behaupten, das sei *Ich*.

Warum behaupten wir es dennoch?

Weil wir *anhaften*.

Es gibt nur einen Grund, warum wir nicht erleuchtet sind, warum wir leiden, unglücklich sind, uns ärgern und sorgen: unser Anhaften. Dies klar zu erkennen ist der erste Schritt. Wir sind zwar nicht dazu fähig, das Anhaften auf der Stelle aufzugeben, wissen aber, was wir zu tun haben, wenn wir von allem Leid freikommen wollen.

Da wir meinen, der Körper sei *Ich*, wollen wir ihn unbedingt behalten, auch wenn er uns noch soviel Scherereien macht. Besonders Ärzte und Krankenschwestern können ein Lied davon singen, ganz egal, wie alt ein Körper ist.

Wie kann etwas *Ich* sein, das so viele unerwünschte Aktivitäten hat, sich ständig ändert, mehr leidet als sich erfreut?

Der Buddha hat vom Körper gesagt, er *habe* nicht Krebs, er *sei* ein Krebs.

Er ist ein Auswuchs unserer Begierde, so etwas zu haben und zu manifestieren.

Ein falscher Schritt auf der Straße, und das *Ich* ist weg; so schnell, so einfach. Wie kann etwas *Ich* sein, das so leicht vernichtbar ist?

Man kann auch ohne manche Körperteile oder mit transplantierten ganz gut leben – ist das alles *Ich*?

Es ist von großem Nutzen, das genau zu untersuchen.

Weil der Körper ständig Sinneskontakte macht – sieht, hört, schmeckt, riecht, tastet –, hegen wir die Vorstellung, das müsse *Ich* sein, wer sonst hätte den Kontakt.

Es fällt uns dabei gar nicht auf, daß es ja auch möglich ist, zum Beispiel ohne Seh- oder Hörvermögen zu leben; auch dann sagen wir „das bin *ich*".

Betrachtet euren Körper einmal als Außenstehende, als stündet ihr vor ihm. Haltet euch innerlich einen Spiegel vor: Was bedeutet mir dieser Körper? Bin das wirklich *ich?*

Oder schaut in Gedanken in den Spiegel, stellt fest, „das bin *ich*", findet eure Haare zu lang und schneidet sie ab. Vor ein paar Sekunden war das noch *Ich*, jetzt sind es abgeschnittene Haare. Vermutlich kommen euch nun doch Zweifel, ob das Festhalten, Anhaften, „das ist *mein* Körper, das bin *ich*", wirklich der Wahrheit gerecht wird.

Es gibt noch eine andere Methode, das zu erkennen, woran wir festhalten. Man kann zum Beispiel in der Meditation visuell bei sich selber die Haut öffnen, alle Einzelteile aus dem Körper herausnehmen und vor sich ausbreiten. Dazu bedarf es keiner anatomischen Kenntnisse, jeder weiß so ungefähr, woraus ein Körper besteht. Dann legt auch das Skelett vor euch hin und sagt „das bin *ich*". Keiner würde das glauben. Wenn man alles wieder zusammengepackt und mit Haut umgeben hat, bin *ich* es wieder.

Es lohnt sich, das einmal zu probieren und zu sehen, ob da nicht zumindest ein gewisser Zweifel im Geist hochkommt, daß das wirklich *ich* bin und dieser Körper von solcher Wichtigkeit ist, wenn man mit Achtsamkeit betrachtet, wie er geht, steht, sitzt, liegt – wer macht denn das alles? *Ich?* Wer ist *Ich*? Betrachtet das. Die relative Wirklichkeit, in der wir leben, stellt uns so viele Fallen, weil uns alles so erscheint, wie jeder es ansieht. Es ist am einfachsten und bequemsten so, macht aber keinen Menschen glücklich. Wäre es nicht an der Zeit zu prüfen, ob es noch eine andere Sichtweise gibt, eine, die Ruhe und Frieden bringt? Wir brauchen diesen Körper doch gar nicht festzuhalten, er muß ja gar nicht *Ich* sein.

Ferner könnt ihr euch prüfen, ob ihr bereit wärt, euren Körper auf der Stelle wegzugeben und dafür wunderbar zu meditieren. Betrachtet eure Reaktion in der Meditation, vor allem wenn gerade Knie oder Rücken weh tun. Wahrscheinlich seid ihr auch dann nicht bereit, euren Körper herzugeben.

Um zum *Nicht-Ich* zu kommmen, muß man erst einmal für einen Augenblick nicht mehr wissen, wer und was man eigentlich ist. Solange wir unsere unbezweifelte Identität haben, haben wir den ersten Schritt noch nicht getan. Denn wer Unbeständigkeit und Leidhaftigkeit in sich selber nicht sehen will, kann unmöglich das *Nicht-Ich* erkennen.

Es ist schwierig, die Substanz-, die *Ich*losigkeit zu finden – wie kann man etwas finden, das nicht existiert? Wir können nur finden, was in unserer Illusion existiert, nachprüfen, ob es der Wirklichkeit entspricht, und wenn nicht, es loslassen.

All diese Betrachtungen können in der Meditation gemacht werden, besonders dann, wenn der Geist müde ist und bei der Konzentration auf den Atem zum Einschlafen neigt. Es ist ja so, daß ein Geist, der noch nicht in die Versenkung gegangen ist, nur eine einzige Art Ruhe kennt, und das ist schlafen. Dabei muß er zwar träumen, aber er ruht sich wenigstens vom bewußten Denken aus. So glaubt er, wenn die Augen geschlossen sind, es still ist und er über nichts Besonderes nachzudenken hat, es sei Schlafenszeit.

Loslassen ist nicht passiv. Um ein Objekt loszulassen, das man in der Hand hält, muß man die Hand öffnen. Wir müssen Herz und Geist öffnen, eine Handlung, die Absicht voraussetzt. Davon zu wissen ist nur der Wegweiser, der Finger, der auf den Mond zeigt, nicht der Mond. Die Arbeit muß jeder selber tun.

Das zweite, woraus wir bestehen, sind *Gefühle.*

Zu erkennen, daß sie gar nicht *Ich* sind, ist noch viel schwieriger. Daß wir uns mit ihnen identifizieren, können wir ganz deutlich in der Meditation feststellen, wenn nämlich ein unangenehmes Körpergefühl kommt und wir uns davon wegbewegen wollen und es womöglich auch tun. Das Wollen allein schon zeigt die Identifizierung: „Das ist *mein* unangenehmes Gefühl, *ich* will es loswerden."

Angenehme Gefühle erzeugen den Wunsch, sie behalten zu wollen.

Wie kann man erkennen, daß es nicht *meine* Gefühle sind? Ein Weg ist zu sehen, daß sie ungerufen kommen. Keiner, der nicht ganz den Verstand verloren hat, wird unangenehme Gefühle herbeirufen. Jeder ist auf angenehme Gefühle aus. Wo ist also *Ich* darin, wenn es *mir* nicht gelingt, *meine* Gefühle und *meine* Wünsche in Einklang zu bringen? Sie scheinen genauso ihr Eigenleben zu haben wie der Körper.

Wer führt die Oberaufsicht über alles? Offenbar ist er wenig kompetent, sonst würde er sich bestimmt nach *meinen* Wünschen richten.

Außerdem ändern Gefühle sich so schnell, daß wir in diesem Leben eine Unzahl von Milliarden Gefühle gehabt haben. Mit welchem unter diesen Myriaden Gefühle wollen wir uns also identifizieren: mit dem, das wir in diesem Augenblick empfinden? Bin *ich* dann vielleicht ein unangenehmes Gefühl, das „Schmerz" heißt?

Oder warte ich lieber ein angenehmes ab? Aber auch das angenehmste Gefühl hört wieder auf. Was ist dann aus *mir* geworden? Bin *ich* verschwunden?

Prüft also einmal nach, ob es wirklich im Körper oder in den Gefühlen eine Persönlichkeit gibt, die *Ich* heißt.

Die dritte Daseinsgruppe ist die *Wahrnehmung.*

Die Wahrnehmung etikettiert unsere Sinneseindrücke aufgrund vorausgegangener Erfahrungen. Wenn ich euch dieses Ding hier zeige, wißt ihr alle: das ist eine Uhr. Zeige ich es aber einem Zweijährigen, hält er es vielleicht für Schokolade oder einen Bauklotz.

Dies kann uns verdeutlichen, daß das Auge nicht das Ding-an-sich sehen kann, sondern nur Farbe und Form, und der Geist es dann interpretiert. Das gleiche geschieht beim Hören und allen anderen Sinnesfunktionen, einschließlich Denken.

Da wir unsere Wahrnehmung der durch die Sinne erschienenen Substanzen im Laufe unseres Lebens infolge unserer zunehmenden Erfahrungen und Erkenntnisse ständig ändern, wäre es wohl möglich, das *Ich* für eine wandelbare Wahrnehmung zu halten. Aber es ist wohl unmöglich zu erkennen, welche von all den Wahrnehmungen den *Ich*-Kern enthält.

Man könnte zu der Überzeugung kommen, der Beobachter sei das *Ich*, da er ja andauernd am Werke zu sein scheint. Aber wie ist es, wenn wir schlafen? Ist das *Ich* schlafen gegangen? Oder in einer Ohnmacht? Oder gar in vertiefter Konzentration? Macht das *Ich* dann einen Ausflug?

Die vierte Daseinsgruppe sind die *Gedanken.*

Wer schon eine Weile meditiert, wird längst herausgefunden haben, daß die eigenen Gedanken nichts sind, worauf er stolz sein oder sich stützen kann; daraus kann er schließen, daß anderer Leute Gedanken genauso sind. Entsprechend sieht die Welt ja auch aus. Aber man wundert sich nicht mehr. Und man weiß auch, daß es nur *einen* Geist gibt, den man in Ordnung bringen kann: den eigenen. Daß er in Unordnung ist, merkt man bereits in der allerersten Meditation. Man lernt seine Gedanken kennen als Hirngespinste, belanglos, unzuverlässig und ungehorsam. Andernfalls blieben sie auf das Meditationsobjekt konzentriert. Sie haben oft überhaupt keine Beziehung zur Gegenwart, man wundert sich, wo sie plötzlich herkommen.

Und doch glauben wir auch von ihnen, sie gehörten uns. Nicht nur das, wir halten sie sogar für richtig und wollen auch andere davon überzeugen. Die haben aber ihre eigenen, und schon ist der Streit fertig. Die auslösenden Gedanken selber sind inzwischen längst vergessen. Ich kenne jemanden, der seit 25 Jahren mit seinem Bruder kein Wort wechselt, aber keine Ahnung mehr hat, warum sie einander spinnefeind sind.

Wir müssen also *Achtsamkeit* üben. Sie ist ein neutraler Beobachter, der lediglich registriert, daß Gedanken hin- und hersausen, entstehen und vergehen. Das bringt uns wiederum auf die Idee, *Ich* sei der Beobachter. Wenn aber die Achtsamkeit verlorengeht, gehe *ich* dann mit verloren? Es ist nötig, das nachzuprüfen.

Wo können wir etwas finden, das *Ich* ist, was ja eine bestimmte Beständigkeit voraussetzt? Dieses *Ich*, das uns so wichtig, ja die Hauptsache ist im Leben, muß ja irgend etwas Solides sein. Weil der Körper sich solide anfühlt, verfallen wir der Illusion, er sei *Ich.*

Die fünfte und letzte der Daseins- oder Anhaftungsgruppen ist das *Sinnesbewußtsein*:

Hören, Sehen, Riechen, Schmecken, Tasten.

Da wir aber ganz genau wissen, daß wir auch noch *Ich* sind, wenn wir schlafen, also weder sehen noch hören noch riechen noch schmecken noch bewußt tasten, haben wir auch im Sinnesbewußtsein keinen Halt für unsere *Ich*-Illusion, die uns das Leben schwermacht wie alle Illusionen. Sie macht es uns ganz besonders schwer, weil sie eine Illusion ist, die wir ständig stärken, indem wir ihr den Anschein geben, die Wirklichkeit zu sein.

Hier müssen wir unsere Arbeit ansetzen. Wir suchen uns auf alle möglichen Arten und Weisen zu behaupten. Sonst kommt sich unser *Ich* zu klein und häßlich vor. Je größer das Ego ist, desto öfter fühlt es sich verletzt. Man nennt das dann „sensibel sein", es ist aber nichts als „Ego haben".

Weil es eine *Illusion* ist, braucht das Ego ständige Unterstützung. Wir wollen erfolgreich, bewundert, geliebt, anerkannt, berühmt oder reich sein, keiner soll uns körperlich oder emotionell etwas zuleide tun. Da wir dessen nie sicher sein können, leiden wir entsprechend.

Unsere Gedanken sind überbeschäftigt mit der Suche nach Bestätigung der *Ich*-Illusion, denn nur wenn wir denken, können wir das *Ich* bestätigen. Deshalb ist es so schwer, in der Meditation mit dem Denken aufzuhören.

Wer dann zum erstenmal erlebt, daß das Denken wirklich aufhört und die Konzentration einsetzt, schreckt vor dem so fremden Zustand vielleicht sogar zurück und fängt automatisch wieder an zu denken.

Erleben ohne Denken kann nicht bestätigen, daß *ich* da bin, Angst kommt hoch. Wenn man den Zustand nicht kennt, auch nur für einen Augenblick ohne *Ich* zu sein, steht man vor etwas, das wie ein Abgrund aussieht.

Man kann es mit dem ersten Sprung vom Zehnmeterbrett

vergleichen. Es gehört etwas Mut dazu, aber wenn man zu springen wagt, hat man das herrliche Gefühl zu fliegen.

Wer den Mut hat, das *Ich* loszulassen, spürt mit großer Erleichterung, wie es der einzige Weg sein kann, sich aus der Schwere des menschlichen Lebens herauszuheben – nicht mittels angenehmer Gefühle, sondern durch die Einsicht, daß nur Loslassen zum Schweben verhilft, weil dann der Druck des Ego nicht mehr auf einem lastet, der davon kommt, daß es ständig etwas will. Dieses Wollen ist unser Leid. Je größer das Ego ist, desto mehr will es.

Unser Anhaften an den *fünf Daseinsgruppen,* die nichts weiter sind als unpersönliche Phänomene, die kommen und gehen, bringt die Wahnidee eines *Ichs* hervor, die der Grund aller Probleme ist und das, was der Buddha mit *Verblendung* bezeichnet. Nichts anderes ist Verblendung, nur das. Aus ihr erscheinen Haß und Begierde.

Der Buddha hat die Suche nach Wahrheit mit dem Fangen einer Schlange verglichen. Wenn man eine Schlange am Schwanz packt, beißt sie einen mit Sicherheit. Aber wenn man sie hinterm Kopf packt und dort festhält, kann sie einem nicht gefährlich werden.

Unser Leben am richtigen Ende anpacken heißt untersuchen, selber nachprüfen, ob etwas anderes in uns existiert als die *fünf Daseinsgruppen.* Wenn wir etwas anderes finden und benennen können, haben wir zu untersuchen, was es ist; finden wir nichts, müssen wir uns damit abfinden und versuchen, dementsprechend zu handeln.

Intellektuelles Verstehen ist der erste Schritt, inneres Nachvollziehen der zweite. Wir können nichts nachvollziehen, was wir nicht zuvor verstanden haben, wie schon das Wort sagt.

Wahrheit muß erkannt, nicht erdacht sein. Denken und Erkennen sind zwei verschiedene Geistesfunktionen, die beide im Geist stattfinden, aber nicht dieselbe Qualität haben. Denken ist im allgemeinen ein geradliniger Prozeß, der von einem Punkt zum nächsten führt. Erkennen ist ein momentanes Aufblitzen.

Nachdem uns geradliniges Denken zu einem gewissen Schluß geführt hat, brauchen wir das blitzartige Erkennen; es muß nicht in der Meditation geschehen. Meditation ist nichts weiter als das Training für den Geist, so daß er einspitzig wird, sich vom Denken abwenden und in sich selber versenken kann.

Fragen und Antworten

F: Wird das *Nicht-Ich* gefühlt oder erlebt? Sind Fühlen und Erleben dasselbe?
A: Ja. Durch Fühlen erlebt man. Das *Nicht-Ich* wird also gefühlt und dadurch erlebt.

F: Wenn wir das *Ich* nicht sind, heißt das, daß wir etwas anderes sind oder daß es uns nicht gibt?
A: Das ist eine gute und interessante Frage, denn sie ist wirklich hautnah.

Es ist so: Wir sind nichts anderes, und es gibt uns auch nicht. Aber das ist auf der Basis der absoluten Wirklichkeit zu verstehen. In der relativen Wirklichkeit, in der wir leben, sind wir alle da, mit Namen, Adresse, Verwandten und so weiter.

In der absoluten Wirklichkeit sind wir Geist, der zur Materie geworden ist. Der Grund, warum wir da sind, ist die Begierde, dazusein. Wir sind auch nicht voneinander getrennt, obwohl das so aussieht, weil die Zellen vom Wasserelement zusammengehalten werden. Was wir wirklich sind, ist Einheit mit aller Materie, die vom Geist entstanden ist.
F: Wer hat diese Begierde zu leben?
A: Die Begierde, zu leben, ist solange da, wie man glaubt, man sei *Ich*.

F: Aber das Ganze muß doch da sein, das so denkt, nicht die Einzelteile.
A: Jedes Einzelteil, das die Begierde hat, erscheint. Der Erleuchtete erscheint nicht wieder als Einzelteil.
F: In uns muß doch etwas von dieser höheren Wirklichkeit sein, die sich bemüht, das *Ich* loszulassen. Irgendwer muß das Loslassen doch machen. *Ich* kann doch nicht mich selber loslassen.
A: *Ich* kann nicht *Ich* loslassen, das geht nicht. Aber der Geist kann die *Ich*-Illusion loslassen.
F: Der Geist ist also eine höhere Einheit?
A: Er kann es sein.
F: Kann man ihn als höheres Selbst bezeichnen?
A: Der Geist, aus dem wir bestehen, hat die Möglichkeit der Erleuchtung. Aber dazu muß er alles loslassen, was gegen die Erleuchtung spricht. Das heißt, ihm ist eine ganz andere Bewußtseinsebene möglich, eine höhere, wenn man so sagen will.

F: Gibt es denn einen individuellen Geist?
A: Es scheint so. Nämlich insofern der Geist, der sich anstrengt, die erhöhte Bewußtseinsstufe zu erreichen, sich von dem niederen Bewußtseinsebenen-Geist löst und eine höhere Bewußtseinsebene Geist erreicht. Aber es ist doch immer wieder ein Geist, der existiert. Er ist unpersönlich.
F: Nicht persönlich, aber individuell?
A: Ja, so kann man sagen.

F: Mir ist immer noch nicht klar, was es mit dem Bewußtsein auf sich hat. Ich habe immer gedacht, das Bewußtsein sei zwar nicht an diesen Körper gebunden, aber irgendwie etwas Universelles und nichts Persönliches.
A: Das ist richtig. Wir denken es uns aber als persönlich. Wir glauben, *uns* werde etwas bewußt; und nicht: da *ist* universelles Bewußtsein.

Also intellektuell gibt es ein universelles Bewußtsein, das aber auch noch nicht das Ende der Kausalkette ist; gefühlsmäßig hingegen gibt es ein individuelles Bewußtsein. Das ist der Unterschied.

F: Wir erfahren bei den Körpergefühlen die Vergänglichkeit. Gibt es eine Art der Meditation auch über die Substanzlosigkeit?
A: Die kannst du im selben Moment auch erfahren, nämlich wenn du erkennst, daß dir die Gefühle nicht gehören.

Es gibt aber noch andere Meditationsmethoden, mit denen man dem näherkommen kann. Es kommt auf das Verständnis an. Auch am Atem läßt sich die Substanzlosigkeit feststellen; er kommt und geht, da existiert niemand dahinter.

Oder wenn du in Gedanken, wie ich es empfohlen habe, deine Haut öffnest, alle Körperteile einzeln vor dir ausbreitest und prüfst, was übrig geblieben ist: der Beobachter, der das anschaut. Dann nimmst du den auseinander: Ist es das Auge oder ist es der Geist, was ist es, das da ist? Wenn du meinst, *Ich* sei der Geist, müßtest du den Geist analysieren. Der Körper gibt am stärksten das Gefühl, er sei *Ich*.
F: Das ist also auch eine Hilfe, das Ego abzubauen?
A: Ja, weil man in der Meditation kennenlernt, was für verrückte Ideen man hat.

F: Kann man *Karma* und Ego gleichsetzen?
A: Nein. Man kann aber sagen, daß das *Karma*machen aufhört, wenn die Ego-Illusion aufhört.
F: In welcher Beziehung stehen sie zueinander?
A: *Karma* sind die Absichten. *Karma*-Resultate gibt es nur für den, der glaubt, daß er *Karma* macht. Es ist das Gefühl, daß *ich* denke, rede, handle. Der Erleuchtete hat auch Ansichten, aber er macht kein *Karma*.

V. Weg zur Ruhe: Die meditativen Vertiefungen (*jhānas)*

Ich habe in den vorangehenden Kapiteln über Methoden gesprochen, die zu *Klarblick* führen, nämlich zur Einsicht in die drei Charaktermerkmale alles Existierenden: Unbeständigkeit, Leidhaftigkeit und Substanzlosigkeit.

Ich werde im folgenden über die *meditativen Vertiefungen* sprechen, die *Ruhe*-Meditation. Die beiden gehören zusammen. Sie sind Mittel und Zweck.

Es ist erstaunlich, wie viele Meditierende in der Lage sind, unter richtiger Anleitung die meditativen Vertiefungen zu praktizieren. Und es ist auch erstaunlich, wie wenig diese Anleitung gegeben wird.

Die gängige Meinung stimmt einfach nicht, daß sie so schwierig seien, daß gewöhnliche Menschen sie gar nicht praktizieren können. Sie stimmt schon deshalb nicht, weil der menschliche Geist unterschwellig oder sogar bewußt einen Weg sucht, auf dem er zu Ruhe, Glück und innerem Frieden kommt. Jeder Geist sucht danach, in sich ruhen zu können. Auch wenn er es sich vielleicht nicht eingesteht. Dazu kommt noch, daß wir alle den gleichen Geist haben und daher alle den gleichen Weg nicht nur gehen können, sondern gehen werden. Jeder Geist, der sich ernsthaft mit Meditation beschäftigt und den Weg der Konzentration einschlägt, kann gar nichts anderes erleben als diese acht Stufen der Vertiefung.

Man kann sie in andere Worte kleiden, das hängt davon ab, welche Terminologie man gelernt hat oder welche Sprache man spricht.

Allerdings sind die Einsichten nicht die gleichen, wenn man nicht auf sie hingewiesen wird.

Der Buddha hat die *jhānas* zwar immer wieder in seinen Lehrreden erwähnt, aber nur ganz minimale Anleitungen gegeben. Ich kann mir das nur so erklären, daß sie zu seiner Zeit in Indien eine übliche Meditationspraxis waren. Er hat aber entscheidende Punkte korrigiert und *Klarblick* als Neuerung in die indische Meditationswelt und das spirituelle Leben eingebracht. Die acht Stufen der meditativen Vertiefung sind weder vom Buddha erfunden noch erstmals erwähnt worden, sie wurden in Indien schon Tausende von Jahren praktiziert, sind in den *Rigveden* genannt. Über sie ging es aber damals nicht hinaus; die achte Stufe wurde als das höchste angesehen, was ein Mensch erreichen kann. Wer so weit kam, galt als Heiliger. Ich kann euch versichern, daß man die achte Stufe erreichen kann, ohne ein Heiliger zu sein. Die neunte allerdings nicht, aber die nennt man auch nicht *meditative Vertiefung,* um den Unterschied deutlich zu machen.

Der Buddha hat sozusagen eine Reformbewegung eingeleitet und klargestellt, daß der Weg verfehlt ist, wenn man aus den meditativen Vertiefungen nicht Einsicht gewinnt.

Konzentration ist vergänglich, sie muß immer wieder geübt werden. Klarblick aber bleibt. Wer sich einmal eine Einsicht zu eigen gemacht hat, hat sie für immer.

Wer erkannt hat, weiß. Wenn wir einmal bis zum Ende der Erkenntnis gekommen sind, gibt es sowieso nichts, was vergehen könnte.

Der Weg zu Klarblick muß nicht über die meditativen Vertiefungen führen, sollte es aber. Erstens sind sie leichter, als es sich anhören mag. Zweitens sind sie interessant genug, um dabeizubleiben. Drittens sind sie der Weg, den Geist so auf Einsicht vorzubereiten, daß er sie nicht nur akzeptieren kann, sondern sich durch sie befreit fühlt.

Unser gewöhnlicher Geist taugt für die Geschäfte des Alltags, ist aber nicht fähig, eine ungewöhnliche Wahrheit zu erkennen, geschweige zu akzeptieren. Ein gewöhnlicher Geist und eine ungewöhnliche Wahrheit passen einfach nicht zusammen. Daher ist es nur logisch, daß wir unseren Geist zu einem ungewöhnlichen Geist machen müssen, und das ist nur durch Meditation möglich.

Obwohl es den Anschein hat, daß das Interesse an Meditation wächst, meditiert doch nur eine winzige Minderheit der Bevölkerung, und so ist es wohl angebracht, von einem *ungewöhnlichen* Geist zu sprechen.

Gewöhnlich bewegen wir uns mit unserem Denken, dem Sprechen und Handeln folgen, auf einer Bewußtseinsebene, die uns nicht wirklich zufriedenstellt, ob wir es wahrhaben wollen oder nicht. Sie ist auf das beschränkt, was wir mit unseren Sinnen erfassen können. Aus – mehr oder weniger bewußter – Unzufriedenheit versucht man sich abzulenken und sucht nach Neuem. Sie kann sich auch als Krankheit bemerkbar machen, häufig als Depression, und das sogar bei Menschen, die keine Ahnung haben, daß sie mit dem, was sie erfassen können, unzufrieden sind. Wer meditiert, wird allmählich dahinterkommen.

Es gibt einen Augenblick, wo jeder gezwungen ist, diese Ebene zu verlassen, den Tod, aber das nützt einem dann in diesem Leben ja nichts mehr.

Wir können aber diese gewöhnliche Bewußtseinsebene noch zu Lebzeiten verlassen und Zufriedenheit finden – in bezug auf unser Bewußtsein, nicht in bezug auf den Körper.

Das geschieht, wenn wir mittels wirklicher Konzentration von der Methode (Atembetrachtung, Gehen, Achtsamkeit auf die Gefühle, Liebende-Güte-Meditation) zur Meditation kommen. Keiner wird sich je mit Methoden zufriedengeben. Sie sind ja nichts weiter als ein Schlüssel.

Wenn sich die Achtsamkeit zur Konzentration verdichtet hat und die Konzentration stark genug ist, auf dem Meditationsobjekt zu bleiben, kommt der erste Schritt einer wirklichen Meditation. Die Bewußtseinsebene ist dann bereits verändert.

1. Die vier feinkörperlichen Vertiefungen

Die ersten vier der meditativen Vertiefungen, die sukzessive immer subtiler werden, heißen *die feinkörperlichen Vertiefungen,* weil sie etwas mit unserer materiellen Welt zu tun haben und uns in allen vier Stadien aus unserem gewöhnlichen Bewußtsein in einer gröberen Weise schon bekannt sind. Der Mensch mit seinem Geist und seinem Körper ist in der Lage, Freude, Zufriedenheit und sogar Frieden zu erleben eben durch Geist und Körper. Die Bewußtseinsebenen in der Meditation sind jedoch viel stärker und auch subtiler, weil sie nur auf Geisteskonzentration beruhen und nicht auf äußeren Anlässen, die ja immer nur mit den Sinneskontakten zu tun haben.

Jede Stufe ist eine logische Folge der vorangehenden. Der Geist hat gar keine andere Möglichkeit, als sie in dieser Sequenz zu erleben.

Vertiefung bedeutet, daß sich der Geist vertiefen kann und nicht mehr an der Oberfläche nach außen geht. Alles, was mit geistiger Tätigkeit zu tun hat, ist ein Nachaußengehen. Erst wenn diese geistige Aktivität aufhört, können wir unsere Bewußtseinsebene ändern.

a) Angenehmes Körpergefühl (pīti)

Die erste meditative Vertiefung heißt auf Pāli *pīti*, wörtlich übersetzt: *Interesse.* Sie wird auch oft *Verzückung* genannt; eine treffende Bezeichnung ist *Begeisterung.*

Hat der Geist sich genügend gesammelt, so daß er das Meditationsobjekt, also die Methode, nicht mehr braucht, kommt ein Gefühl hoch, das auf dem Körper basiert. Es ist ein nicht nur angenehmes, sondern meistens überwältigend angenehmes Körpergefühl. Obwohl uns ein Gefühl außerordentlichen Wohlbefindens nicht ganz fremd ist, ist *pīti* doch, wenn es erst einmal in seiner Fülle erscheint, ein erstaunliches Erlebnis.

Angenehme Körpergefühle – das kann ich nicht nachdrücklich genug betonen – sind natürlich kein Zweck der Meditation, aber sie sind immerhin der Einstieg.

Zum erstenmal kommt ein wirkliches *Interesse* an der Meditation auf. Bis dahin hat man entweder die Zähne zusammengebissen und durchgehalten, vielleicht in der Hoffnung, es werde eines Tages besser, oder geträumt oder gedacht. Von dem Moment an, wo *pīti* hochkommt, ist Meditation so interessant, daß man auch dabeibleibt.

Ich habe in all den Jahren meiner Lehrtätigkeit keinen angetroffen, der bis dorthin gekommen ist und das Meditieren wieder aufgegeben hat, habe aber viele kennengelernt, die nach einem Meditationskurs über kurz oder lang wieder aufgehört haben; es war ihnen nicht interessant genug.

Es gibt natürlich auch Menschen, die genügend Entschlußkraft haben, trotz aller Schwierigkeiten dabeizubleiben; das ist bewundernswert.

Dieses Interesse kommt daher, daß durch die Konzentration, durch das Nicht-Denken, ein Körpergefühl aufgestiegen ist, das auf einem gewissen Grad von Läuterung beruht. Es ist so, daß die meditativen Vertiefungen Läuterung zwar voraussetzen, anderseits aber bewirken. Wenn man sie immer wieder praktiziert, wird der Geist automatisch geläutert, denn in tiefer Konzentration können keinerlei unheilsame Hindernisse hochkommen. Wir können nicht zwei Dinge zugleich tun. Der Buddha hat zwar gesagt, man könne 3000 Gedanken im Blinken eines Augenlides haben, aber nicht gleichzeitig. Sie folgen einander bloß derartig schnell, daß es einem so vorkommt, als kämen sie miteinander. Jede Sekunde der Konzentration ist als solche schon Läuterung, ist ein automatischer Reinigungsprozeß.

Achtsamkeit ist das Werkzeug, Konzentration herbeizuführen; Konzentration ist das Werkzeug, die Vertiefungen herbeizuführen.

Solange wir den Geist noch nicht geläutert haben, pflegt er zu reagieren. Diese Läuterung kann nur in der Meditation geschehen, sie braucht ihre Zeit. Manche haben so gutes *Karma*, daß sie bereits bei ihrer allerersten Meditation in die erste feinkörperliche Vertiefung gehen können, andere brauchen Jahre dazu. Man muß Geduld mit sich haben.

Die acht Stadien der Vertiefung sind einem Haus mit acht Zimmern vergleichbar. Methoden sind der Schlüssel, die verschlossene Haustür zu öffnen, alle passen in dasselbe Schlüsselloch. Das gilt es zu finden. Sobald man in der Lage ist, die Haustür offenzuhalten, braucht man den Schlüssel nicht mehr.

Wer die Haustür zu öffnen vermochte und die Vorhalle betreten hat, hat also acht ineinander übergehende Räume vor sich. Zunächst kann er sich natürlich nur in den ersten hineinbegeben.

Es ist zwar eine Selbstverständlichkeit, aber man muß sich doch daran erinnern, daß man nur das wissen und erkennen kann, worauf man die Achtsamkeit gewendet hat. Wenn man also weiß, daß ein bestimmtes Körpergefühl gekommen ist, lag die Achtsamkeit sowieso schon darauf. Es wird oft der Fehler gemacht und leider auch gelehrt, in dem Moment zur Meditationsmethode zurückzugehen, Atem oder was immer man benutzt hat.

Das ist so, als ob man die bereits aufgeschlossene Tür wieder zumachte und von vorne anfinge, mit dem Schlüssel herumzuprobieren.

Es ist nötig, auf dem angenehmen Körpergefühl eine Weile zu bleiben. Der Geist hat aber die Tendenz abzurutschen. Daran können wir erkennen, wie unzuverlässig er ist. Sogar wo es so angenehm und schön ist und endlich etwas, was wir uns schon lange gewünscht haben, kann er nicht verweilen. Man muß ihm also zu Hilfe kommen, ihm sozusagen einen kleinen Schubs versetzen und ihn dazu bringen, sich auf *pīti* niederzulassen, in dieses Wohlgefühl hineinzufallen, sich mit ihm zu durchtränken, so daß man von ihm nicht mehr getrennt ist und im Moment des Erlebens auch nicht benennt, was für eine Art Gefühl es ist. Das kann man nachträglich tun. Denn in dem Moment, wo der Geist redet, ist das Gefühl weg. Dann kommt es wieder und verschwindet wieder, ein Hin und Her, dem die Tiefe fehlt, solange man sich noch nicht ganz und gar hineingibt.

Hineingeben ist für viele aber eine gewisse Anfangsschwierigkeit, weil sie Angst haben, die Kontrolle zu verlieren. Als ob man vorher Kontrolle gehabt hätte. Angst, die Kontrolle zu verlieren, ist die Angst davor, daß dem Ego für eine kleine Weile keine Bestätigung mehr zuteil wird. Sobald die Vertiefung zu Ende ist, ist es sowieso in voller Blüte wieder da, aber selbst für kurze Zeit möchte es nicht ausgeschaltet werden. Sie ist eine Urangst, die sich durch die Praxis der Meditation von selbst verliert.

Nicht jeder reagiert so. Manche fallen hinein, erleben es und sind glücklich. Ich erwähne beide Möglichkeiten, so daß ihr vorgewarnt seid und besser damit umgehen könnt, wenn so ein Angstgefühl hochkommt. Man kann es betrachten, als vollkommen unnötig erkennen und sich dem angenehmen Körpergefühl hingeben.

Kontrolle haben heißt seinen Geist kontrollieren können. Das gelingt, wenigstens ansatzweise, wenn er in die Vertiefungen gehen kann. Sie sind der natürliche Weg des Geistes. Dann haben wir ihn soweit dirigieren können, daß er einmal aufhört, sich mit seinen üblichen Unterhaltungen zu beschäftigen, und das tut, was man wirklich von ihm will, uns nämlich glücklich machen.

Wenn man lange genug die erste Vertiefung übt, kommt automatisch der Moment, wo der Geist sagt, „also gut, ich laß mich fallen, es ist ja doch sehr schön". Hinterher weiß man, daß das der angenehmste Augenblick war, den man je im Leben hatte, und ist gewillt, sich immer wieder fallenzulassen.

In der *Visuddhi-Magga* sind siebzehn Beschreibungen von *pīti* zu finden; ich bin ganz sicher, es gibt noch mehr. Das Gefühl selber ist jedoch erheblich stärker, als sich in Worte fassen läßt. Es kann sich auf viele verschiedene Weisen äußern und braucht auch nicht jedesmal das gleiche zu sein. Es kann so stark sein, daß einem buchstäblich die Haare zu Berge stehen, es kann Wärme oder Vibrieren sein, ein Gefühl der Leichtigkeit, des Schwebens, der Transparenz.

Wenn das angenehme Körpergefühl kommt, braucht man weder den Atem noch den Körper als solchen als Achtsamkeitsobjekt. Man kann also den Schlüssel, den man benutzt hat, fürs erste wegstecken, man hat ihn bei Bedarf ja immer wieder zur Hand. Meditationsobjekt ist dann das ausgesprochen angenehme Gefühl, ganz unabhängig vom Körper, durch den es entstanden ist. Es verteilt sich über den ganzen Körper, und man muß praktizieren, ungefähr zehn Minuten auf ihm zu verweilen. Das ist nötig, um der Konzentration die Möglichkeit zu geben, sich zu festigen.

Der Atem ist so fein geworden, daß manche glauben –

und man sagt es ihnen womöglich –, ihn suchen zu müssen. Das ist ein Fehler. Da gibt es nichts zu suchen. Der Atem wird so fein, weil der Geist sich verfeinert hat.

Am Ende, wenn sich das Gefühl außerordentlichen Wohlbefindens verflüchtigt hat, entweder von allein, weil die Konzentration aufgehört hat, oder weil die Meditationszeit um ist, muß man unbedingt zweierlei tun, bevor man die Augen öffnet:

Erstens die Vergänglichkeit betrachten. Das ist dann kein Nachdenken, sondern ein persönliches Erlebnis. Solange sich der Geist noch wohlfühlt, ist er in der Lage, die an sich selber erfahrene Vergänglichkeit nicht nur zu akzeptieren, sondern in größerer Tiefe als etwas ganz Einschneidendes in bezug auf einen selber zu verstehen. Jedes tiefere Verstehen bringt tiefere Einsicht.

Zweitens muß man den Weg rekapitulieren, auf dem man zu *pīti* gekommen ist. Es ist, als habe man sich durch Gestrüpp und Hindernisse zu einer Stätte durchgearbeitet und legt nun einen Pfad an, so daß man ihn jederzeit mühelos begehen kann.

Rekapituliert anfangs also immer wieder alle Details: Was habe ich anders gemacht als sonst? Habe ich zuvor anders gegessen, getrunken, gedacht; habe ich beim Hinsetzen etwas Besonderes gemacht? Eine andere Körperhaltung, andere Sitzstellung? Habe ich anders geatmet, einen stärkeren Entschluß gefaßt? Worauf habe ich meine größte Aufmerksamkeit gelenkt? Habe ich eine besondere Körper- oder Geistesbewegung gemacht?

Geht am Ende der Meditationszeit die einzelnen Schritte auch dann noch einmal durch, wenn sie nicht zum Erfolg geführt haben.

Nach ein paar Wiederholungen glückt es dann auf Anhieb oder wenigen Minuten: Man weiß genau, was man zu tun hat; man braucht den Schlüssel nicht mehr, die Tür bleibt offen. Aber nur, wenn man täglich praktiziert, sonst schlägt sie zu; dann muß man von vorne anfangen, mit dem Schlüssel zu hantieren.

Daß unser Körper ein komfortables Zuhause hat, vor den Unbillen der Witterung geschützt ist, erscheint uns selbstverständlich. Unser Geist ist aber weiter obdachlos. Der kann im warmen Zimmer sitzen und dennoch denken, hoffen, sich sorgen, erinnern, bekümmern, fürchten wie zuvor. Das einzige Heim, das der Geist bekommen kann, ist ein Heim im eigenen Herzen – durch Meditation.

Mit der ersten Vertiefung hat er sein Heim betreten. Dieses Erlebnis, wenn es einige Male wiederholt wird, verändert den Geist: Er weiß, er kann sich vor allen Unbillen in sein Zuhause zurückziehen und sich wohlfühlen – er braucht sich nur aufs Meditationskissen zu setzen.

Nach einer Weile steter Praxis erscheint uns das höchst angenehme Körpergefühl, das uns beim erstenmal so in Staunen versetzt hat, als ganz selbstverständlich – wie alles, was in uns immer wieder vorgeht. Auch das gilt es zu bedenken. Wenn wir ständig oder doch sehr oft ängstlich sind, aggressiv, uns ärgern oder vor anderen zu schützen suchen, glauben wir, es müsse so sein. Da wir nichts anderes kennen, können wir uns vielleicht nicht einmal vorstellen, daß es in anderen Menschen ganz anders ausschaut. Wir wissen von der Welt lediglich das, was in unserem eigenen Bewußtsein ist. Wir müssen uns darüber klarwerden, daß es nur an uns selber liegt, wie es in uns aussieht, daß das nicht das geringste mit anderen Menschen zu tun hat. Wenn es in ihnen traurig aussieht, müssen wir Mitgefühl haben, weiter nichts. Wenn sie uns allerdings fragen, wie man sein Innenleben verändern kann, sind wir ihnen natürlich Rede und Antwort schuldig. Es ist aber unmöglich, jemanden etwas zu lehren, der gar nichts wissen will. Selbst wenn wir die tiefsten Wahrheiten verkünden – dieser Mensch ist nicht offen dafür.

b) Freude

Zur gleichen Zeit wie das angenehme Körpergefühl kommt ein freudiges Gefühl hoch, das anfangs aber vom Körpergefühl überschwemmt wird. Wenn man gelernt hat, ungefähr zehn Minuten auf *pīti* zu bleiben, folgt als nächster Schritt, daß das Körpergefühl entweder von allein oder beabsichtigt in den Hintergrund der Achtsamkeit tritt und man das freudige emotionelle Gefühl in den Vordergrund kommen läßt; die Freude ist jetzt das Meditationsobjekt. Sie kann durch und durch gehen oder nur milde sein.

Als Emotion ist sie von Natur aus subtiler als ein Körpergefühl. Wer schon länger praktiziert, läßt dieses ohne Zögern fallen, um einem feineren Objekt Platz zu machen; man kann ja nur ein Objekt der Konzentration benutzen. Das angenehme Körpergefühl bleibt aber im Hintergrund.

Die Freude braucht nicht in irgendeiner Weise interpretiert zu werden, sie braucht nur akzeptiert und erlebt zu werden. Sie erleben ist das einzige, was man mit Freude machen kann. Viele haben allerdings eine kulturbedingte Hemmung zu überwinden, sich über sich selber zu freuen. Freude, hat der Buddha gesagt, sei ein unerläßlicher Bestandteil der Meditation.

Diese meditative innere Freude ist durch nichts anderes bedingt als durch Konzentration. Jede andere Freude hängt von äußeren Bedingungen ab. Sie ist nicht nur unvergleichlich stärker und erfüllender als die übliche Freude durch Sinneskontakte – sie hat eine ganz andere Qualität.

Sinneskontakte hat der Buddha verglichen mit einer Kuh, der man bei lebendigem Leibe das Fell abgezogen hat und auf deren rohes Fleisch sich ständig Fliegen setzen. Ein pausenloses Berühren, das irritiert.

Man muß das einmal an sich selber spüren. Die Vertiefungen helfen einem dazu. Wenn man nämlich schon so konzentriert ist, daß die Vertiefungen kommen, kann man ja auch im Alltag konzentrierter, achtsamer sein; dann wird man schon merken, daß die Sinneskontakte einen ständig irritieren. Was sich pausenlos ändert, kann nie ganz zufriedenstellend sein.

Freude durch Meditation dagegen ist *reine* Freude, weil das *Ich* sie in keiner Weise verfärbt und beschädigt. Sie gibt uns einen Vorgeschmack, was es bedeutet, das Substanzlose, Kernlose zu erleben, das *Nicht-Ich.*

Auf dieser zweiten Stufe muß man dem Geist nicht mehr gut zureden dabeizubleiben; das hat er inzwischen einigermaßen gelernt.

Die Vertiefung *Freude* hat eine sehr einschneidende Bedeutung, sie schenkt einem nämlich Selbstvertrauen. Man hat erlebt, daß man nicht auf andere angewiesen ist, hat inneres Glück gefunden und kann aufhören, draußen danach zu suchen. Man ist auch nicht mehr auf Lob und Anerkennung angewiesen, um Freude zu erleben. Man trägt sie im Inneren mit sich.

Auch für die zweite Stufe der Vertiefung gilt, daß man am Ende der Meditation die Vergänglichkeit dieser Gefühle feststellen muß. Denn je mehr der Geist zur Ruhe gekommen ist, desto klarer erkennt er die Vergänglichkeit, sieht sie aber nicht in negativem Licht, denn er ist ja viel zu erfreut, um überhaupt etwas Negatives zu sehen, sondern erkennt Vergänglichkeit als ein Naturgesetz an, dem sich der Geist dann unterwirft.

Zweitens sind zu Beginn der Praxis die Schritte genau zu rekapitulieren, die zur zweiten Vertiefung geführt haben.

c) Zufriedenheit

Da auch die Freude, obwohl viel subtiler als *pīti*, noch eine gewisse Erregtheit und innere Bewegung in sich hat, also nicht vollkommen zufriedenstellt, können wir sie loslassen und dabei erkennen, daß in diesem Augenblick kein Wunsch hochgekommen ist, man also zufrieden ist.

Wir kennen auch im gewöhnlichen Leben Zufriedenheit, aber nicht in dieser Stärke. Meistens beruht sie auf etwas, das wir von außen bekommen haben. Zufriedenheit in der Meditation beruht auf der Reinheit des Geistes; sie hat keinen äußeren Grund. Man kann also aufhören, sie außen zu suchen.

Obwohl Freude und Zufriedenheit am Ende der Meditation natürlich verschwinden, lassen sie doch einen Nachhall im Herzen zurück. Man geht durchs Leben mit einem Gefühl der Freude und Zufriedenheit, weil das Innenleben ganz unabhängig von dem geworden ist, was um einen herum vorgeht. Es ist, als seien innen alle rauhen Stellen geglättet.

Diese dritte Stufe der *Ruhe*-Meditation zeigt einem – am Ende, nicht während – ganz klar, daß man nur dann wirklich glücklich sein kann, wenn man alle Wünsche fallenläßt. Jeder Wunsch bringt nicht nur Erregung, sondern entweder Nichterfüllung, also *dukkha*, oder eine Erfüllung, die im nächsten Moment schon wieder vorbei ist.

In den Vertiefungen sind wir zwar auf Konzentration angewiesen, und die ändert sich am Anfang ja auch dauernd, aber sie kann eines Tages so verläßlich und vollständig sein, daß die drei ersten Vertiefungsstufen in der Meditation von selber kommen.

Gehen wir tiefer, erkennen wir jeden Geisteszustand als unbeständig. Obwohl Freude und Zufriedenheit dank guter Konzentration in der Meditationszeit bestehen bleiben, kann der Geist trotzdem nicht anders als sich bewegen. Man braucht sehr starke Achtsamkeit, um erkennen zu können, daß er sich selbst dann bewegt, wenn er auf einen Punkt konzentriert ist. In diesem Moment wird man vielleicht den Wunsch zu existieren loslassen können.

Ich möchte noch einmal darauf hinweisen, daß man nach *jeder* Vertiefung, wo auch immer die Meditation zu Ende ist, den Weg rekapitulieren und die Vergänglichkeit dieser Gefühle feststellen muß. Und nicht nur denken, „naja, das weiß ich ja nun zur Genüge". Wir wissen viel. Wir haben von Kindheit an gehört, wie ein guter Mensch zu sein hat; man hat es uns förmlich eingebleut, wir haben es noch tadellos im Gedächtnis. Aber können wir es auch nachvollziehen?

Zufriedenheit, wie schon das Wort besagt, führt zu Frieden.

d) Frieden/Ruhe

Die ersten drei Stufen sind noch verhältnismäßig einfach. Sie sind sozusagen der Kindergarten der Vertiefung, besonders für Menschen, die viel liebende Güte in sich haben. Schwieriger ist der Schritt von der Zufriedenheit zum Frieden.

Man kann über diese Stufe nichts weiter aussagen, als daß sie ohne jede Bewegung ist. Es ist still. „Still" bedeutet ja auch sowohl „ruhig" wie „bewegungslos".

Alle Sinneskontakte sind völlig abgestellt, auch die Berührung des Sitzens wird nicht mehr gespürt. In den vorangegangenen drei Stadien ist das noch der Fall, wenn auch entfernt und teilweise nur ganz geringfügig.

Es kommt darauf an, wie tief man in der Ruhe schon versunken ist. Solange man noch an der Oberfläche ist, hört man leise Geräusche nicht, in der Tiefe hört man sogar großen Lärm nicht.

Wir wissen vom Buddha, daß er einmal am Ufer eines Flusses meditierte und in die Vertiefungen gegangen ist. In der Zeit durchquerten fünfhundert Ochsenkarren neben ihm den Fluß – ein ohrenbetäubender Krach. Der Buddha hat nichts davon bemerkt.

Weil der Beobachter so reduziert ist, daß man meint, er sei gar nicht mehr dabei, kann man erst im nachhinein wissen, daß man in der vierten Vertiefung war. Das ist am Anfang vielleicht nicht so einfach, aus den Auswirkungen aber leicht zu erschließen:

Wenn sich eine Stunde Meditationszeit angefühlt hat wie ein paar Minuten, kann man sicher sein, daß tiefe Konzentration, tiefe Ruhe vorhanden war. Bei schlechter Konzentration kommt einem die gleiche Stunde wie eine Ewigkeit vor.

Ferner fühlt man sich hinterher voll geistiger Energie und hellwach. Die Energiezufuhr ist gewaltig und auch absolut notwendig, um zu tiefen Einsichten kommen zu können.

Für die ersten vier Stufen der meditativen Vertiefung findet sich in den Schriften folgendes Gleichnis:
Ein Mensch wandert durch die Wüste ohne einen Tropfen Wasservorrat und ist dem Verdursten nahe.

Diese Durststrecke sind die ersten Versuche mit der Meditation. Man kann sich nicht konzentrieren, Knie und Rükken tun weh, auf den Atem aufpassen ist trocken und langweilig. Es dürstet einen nach Labung, nach einem angenehmen und wirklich gravierenden Erlebnis, wenn man sich schon so abmüht. Aber man muß den Durst weiterhin ertragen, wandert weiter durch die Wüste seiner Gedanken und unangenehmen Gefühle.

Plötzlich sieht dieser Wüstenwanderer in weiter Ferne einen Wassertümpel und wird von freudiger Erregung erfaßt.

Das ist die Beschreibung der ersten Vertiefung. Das höchst angenehme Körpergefühl hat die Erregung in sich, etwas erreichen und ergreifen zu wollen. Und doch ist jedem unterschwellig von Anfang an klar, daß ein noch so angenehmes Körpergefühl nicht das Ziel der Meditation sein kann. Er weiß aber: „Jetzt bin ich auf dem Weg."

Jetzt ist der Wanderer beim Wassertümpel angelangt. Er

empfindet tiefe Freude, der Labung so nahe zu sein. Die Erregung bleibt, denn noch hat er nicht getrunken.

So allmächtig die Freude auch ist, man weiß genau, daß es mit ihr allein nicht getan ist, denn noch ist der Durst ja nicht gestillt.

Der Dürstende beugt sich zum Wassertümpel nieder und trinkt.

Nun erfüllt ihn innere Zufriedenheit. Obwohl damit schon viel weniger Erregung verbunden ist, weil man in diesem Augenblick das bekommt, wonach es einen verlangte, ist immer noch kein vollkommener Frieden eingezogen, weil ja noch eine Handlung stattfindet, im Gleichnis das Trinken, in der Meditation das genaue Beobachten dieser drei Stufen durch den Beobachter, der erst das Angenehme erkennt, sich dann freut und schließlich zufrieden wird.

Solange ein Beobachter da ist, sind wir immer noch in der Welt der Dualität. Er wird aber noch gebraucht, weil unser ungezähmter Geist nur allzuleicht wieder abrutscht.

Der Wanderer hat sich schließlich sattgetrunken, begibt sich zu einem nahen Baum, legt sich unter ihn in den Schatten und kommt vollkommen zur Ruhe.

Obwohl mit dem Trinken sein Begehren gestillt ist, er sich wunschlos glücklich und daher zufrieden fühlt, muß er sich nun erst einmal hinlegen und diesen Frieden auskosten. Auf dieser Stufe gibt es also keine Handlung mehr. Der Beobachter ist nur noch so minimal vorhanden, daß man ihn nicht mehr wahrnimmt.

Das ist der Grund dafür, daß dieser vierte Schritt der Vertiefungen für viele sehr viel schwieriger ist als die ersten drei. Man muß bereit sein, in der Ruhe zu *ertrinken*, sich ihr vollkommen hinzugeben, nichts zurückzuhalten, sich ihr vorbehaltlos zu ergeben.

Unser Ego gibt sich aber überhaupt nicht gerne hin, und *vorbehaltlos* schon gar nicht. Die Schwierigkeit liegt also darin, daß in der Zeit der Vertiefung das *Ich* ganz und gar nicht ausgemerzt ist, sondern weiterhin seinen festen Stand bei uns hat und sich dagegen wehrt zu „ertrinken“. Es kommt, wie am Anfang, Angst hoch. Es ist nicht mehr die Angst, die Kontrolle zu verlieren und so dem Ego die nötige Unterstützung zu entziehen. Inzwischen haben wir den Beobachter als unser Ego akzeptiert. Nur er ist noch übrig, und ihn jetzt auch nur momentan zu vermindern, erweckt Widerstand, den man nur durch wiederholtes Praktizieren überwinden kann. Am Ende der Vertiefung ist das *Ich* ja sowieso wieder da.

Traditionell wird die vierte Vertiefung als *Gleichmut* beschrieben. Da Gleichmut aber eine Emotion ist, die zu erkennen wir den Beobachter brauchen, bezeichnet man diese Stufe treffender als *tiefe Ruhe, vollkommenen Frieden.*

Wie liebende Güte, Mitgefühl und Mitfreude der Weg zum Gleichmut sind, der höchsten aller Emotionen, sind die ersten drei Vertiefungen: Wohlbefinden, Freude und Zufriedenheit der Weg zur vierten Stufe. Liebende Güte, Mitgefühl und Mitfreude sind immer noch, genau wie die ersten drei meditativen Vertiefungen, mit einer gewissen *Ich*-Bezogenheit behaftet, sind immer noch qualitativ zu erkennen und haben noch emotionelle Bewegung in sich. Mit Gleichmut ist es viel einfacher, zu lieben, mitzufühlen, sich mitzufreuen, denn er ist nicht mehr *ich*-bezogen. Gleichmut sieht, daß nichts von solcher Wichtigkeit ist, daß man es entweder haben oder loswerden müßte, denn es ändert sich sowieso. Außerdem ist alles, was wir haben, nur eine Leihgabe, und das einzige, was wir loswerden müssen, sind die eigenen negativen Reaktionen.

Wir können also zwischen den vier *reinen* Emotionen und den feinkörperlichen meditativen Vertiefungen eine Parallele erkennen. Daher ist es von äußerster Wichtigkeit, im Alltag ständig liebende Güte, Mitgefühl, Mitfreude und Gleichmut zu üben, denn das hilft der Meditation. Wenn wir in der Meditation zu tiefer Ruhe gekommen sind, ist es natürlich viel einfacher, im Alltag gleichmütig zu reagieren. Wenn wir uns im Alltag schon in Gleichmut geübt haben, ist es viel einfacher, zur Vertiefungsstufe *Ruhe und Frieden* zu kommen.

2. *Die vier formlosen oder unkörperlichen Vertiefungen*

Der tiefe Frieden auf der vierten Stufe ist der Auftakt zu den *formlosen* oder *unkörperlichen* Vertiefungen. Sie heißen so, weil sie in der körperlichen Sphäre nicht mehr zu finden sind. Da sie formlos sind, wir aber in einer Welt der Formen leben, kennen wir sie außerhalb der Meditation nicht. Unser Festhalten an Formen begrenzt uns, engt unseren Geist ein.

Durch die meditative Erfahrung der formlosen Sphäre geht der Geist von selbst in die Weite und hängt sich nicht mehr an Formen. Wenn der Geist durch die ersten vier meditativen Vertiefungen darauf vorbereitet wurde, ist es eine natürliche Folge, daß er in die Weite geht, denn die Gedanken halten ihn ja nicht mehr fest.

Es wäre deshalb vielleicht treffender, die formlosen Stufen, zumindest die ersten drei, nicht *Vertiefung*, sondern *Erweiterung* zu nennen. Weil sich die Bezeichnung *Vertiefung* eingebürgert hat, behalte ich sie aber auch für die folgenden drei Stadien bei.

Die erste der formlosen und fünfte der meditativen Vertiefungen heißt

a) Die Unendlichkeit des Raumes

Der unendliche Raum ist eines der Grundelemente, beruht aber nicht mehr auf Körperlichkeit, obwohl die erste formlose Vertiefung vom Körper ausgeht. Aber nicht von einem

Körper, wie wir ihn gewöhnlich empfinden: schwer, begrenzt und von einer ganz bestimmten Beschaffenheit.

Wenn wir zu tiefer Ruhe gekommen sind, fühlt sich der Körper leicht, durchlässig an und hat auch nicht die gewöhnliche Begrenzung, scheint mehr zu fließen.

Wie sich die erste Vertiefung auf Körpergefühle stützt, so auch die fünfte, nämlich auf das Körpererlebnis einer unendlichen Ausdehnung. Das heißt aber nicht, der Körper fühle sich tatsächlich so an, als dehne er sich aus. Vielmehr lösen sich alle Begrenzungen völlig auf. Erlebt wird nichts weiter als die Unendlichkeit des Raumes. Der eigene Körper ist in keiner Weise mehr wahrnehmbar.

Man erkennt nun ganz klar, daß es eine Illusion ist zu meinen, man besitze einen separaten Körper.

Die vier formlosen Vertiefungen vermitteln uns eine ganz tiefe Einsicht in die absolute Wirklichkeit, die vollkommen anders aussieht als die Relativität, in der wir leben.

Natürlich ist auch dieses Erlebnis der Universalität aller Existenz so unbeständig wie jedes andere, aber die Einsicht, die daraus entsteht, bringt eine Sichtweise, die einem nicht wieder verlorengeht. Man wird sich nicht mehr von anderen Lebewesen getrennt und bedroht fühlen – man steht sich immer selber gegenüber, es gibt ja nichts anderes. Wenn man sich selber gegenübersteht, ist es unmöglich, Angst zu haben oder andere zu übervorteilen oder etwas für sich allein besitzen zu wollen, denn der andere, ja alles Existierende ist man ja selbst, oder man selbst ist nichts weiter als Existenz.

b) Die Unendlichkeit des Bewußtseins

Das Erlebnis des unendlichen Raumes geht sofort als selbstverständlich in den zweiten Schritt der formlosen Vertiefungen über, das *unendliche Bewußtsein.* Um den unendlichen Raum zu erleben, muß man ein unendliches Bewußtsein haben. Es kommt aber darauf an, wohin man schaut. Zuerst schaut man auf den unendlichen Raum, weil der von der Körperlichkeit ausgeht und einfacher zu erleben ist.

Dann aber ist das unendliche Bewußtsein ebenso ein Teil des unendlichen Raumes, wie die Freude schon ein Teil des angenehmen Körpergefühls ist. Es kommt nur darauf an, dort hinzuschauen.

Im Unterschied zu den feinkörperlichen Vertiefungen, die einen Beobachter haben, der *ich* bin, ist in den formlosen Vertiefungen der Beobachter nicht mehr ein Individuum. Der unendliche Raum wird auch beobachtet, aber nicht von *mir*. Und ein Bewußtsein, das unbegrenzt in die Weite gegangen ist, kann ja auch nicht *mir* gehören.

Vielleicht kann man es so erklären, daß der Beobach*ter* nun die Beobach*tung* ist.

Die Konsequenz daraus ist, daß man seinen Geist, mit dem man sich zuvor fraglos identifiziert hat, auch nicht mehr als sein Eigen betrachten kann. Denn vom Geist dehnt sich das Bewußtsein ins Unendliche aus. Es ist nicht *mein* Geist, es ist Geist, ist Bewußtsein.

Das ist eine ganz einschneidende Einsicht. Erst jetzt, da man es erlebt hat, glaubt man es wirklich, daß ein separates *Ich* eine Illusion ist.

Weil das *Ich* ins Wanken kommt, ist der nächste Schritt möglich: Die Unendlichkeit, die sich in Raum und Bewußtsein gezeigt hat, erscheint in der Meditation als ein Erkennen der

c) Grundlage des Nichts/der Leere

Nichts, Leere, wird oft falsch verstanden.

Stellt euch vor, ihr kommt in ein Zimmer. Ihr seht Möbel, Teppich, Bilder, alle möglichen Gegenstände; sie sind von einer gewissen Wichtigkeit, sie werden gebraucht. Das

Zimmer ist also voll. Jetzt wird es ausgeräumt. Ihr kommt in denselben Raum und seht, daß nichts in ihm ist. Das ist nicht dasselbe wie nichts sehen. Der Unterschied ist wichtig: Wir sehen Leere, aber wir sehen nicht nichts.

In der siebten Vertiefung erscheint das ganze Universum wie ein leerer Raum. Leer wovon? Leer von Kernsubstanz. Alles ist in ständiger Bewegung.

Das Universum als leer sehen heißt: Man sieht, daß weder Sonnen, Monde, Sternensysteme, noch Lebewesen, Bauwerke, Landschaften, noch alles vom Menschen Geschaffene eine Kernsubstanz haben. Das ganze Universum ist ständig im Verfall begriffen. Es gibt absolut nichts, worauf man sich stützen, das man festhalten und woran man sich festhalten könnte.

Aber wer inzwischen ein persönliches Körpergefühl und persönliches Bewußtsein bereits verloren hat, will sich auch nicht mehr stützen.

Wenn jemand, was allerdings selten vorkommt, in der Meditation Stufen überspringt und ohne Vorbereitung zu dieser Leere kommt, ist sie erschreckend.

Deshalb ist es so wichtig, alle Stadien nacheinander zu durchlaufen.

Das Erkennen der Leere hat zwei Aspekte. Der erste ist, daß es unsere Weltschau vollkommen ändert und unsere *Ich*-Schau verlorengeht. Da ist nur noch Leere.

Ein Geist, der durch die Unendlichkeit des Raumes und die Unendlichkeit des Bewußtseins darauf vorbereitet ist, erkennt nicht mit Entsetzen, sondern voller Freude, daß das *Ich* als seprarate Einheit tatsächlich nicht existiert.

Zwar sind noch alle Teile des Körpers vorhanden, aber der kleine Mann oder die kleine Frau, die da bis jetzt dringesessen und durch die Augen rausgeschaut, durch die Ohren rausgehört und durch den Denkapparat gedacht hat, ist verschwunden. Das eigene Erleben bezeugt es.

Im Unterschied zu den feinkörperlichen Vertiefungen geschehen bei den formlosen Stufen Erleben und Erkennen beinahe gleichzeitig.

Es muß *erkanntes Erleben* sein, sonst ist es so gut wie umsonst.

Als zweites ist mit dem Erleben der Leere für die meisten ein Gefühl der Trauer verbunden. Obwohl man sich befreit und erleichtert fühlt, mag man sogar in Tränen ausbrechen. Man empfindet für einen Moment Trauer darüber, sein Leben lang einer falschen Vorstellung aufgesessen, einem falschen Ideal nachgelaufen zu sein. Bei näherem Nachdenken sieht man, daß es sich nicht lohnt, dem nachzutrauern.

Denn erstens sind es karmische Resultate, die wir erst einmal durchleben müssen, und zweitens waren all die Jahre, die man auf andere Wege verwendet hat, eine notwendige Vorbereitung. Es wäre vielleicht schön, erleuchtet geboren zu werden, ist aber nicht möglich. Wir müssen durch unsere Schwierigkeiten erst einmal hindurch, ehe wir zu den Erleichterungen kommen. Wie ein Kind haben wir die Schwierigkeiten des Aufwachsens und Reifens zu bewältigen. Unsere Reife ist, zu diesem Punkt zu kommen, wo wir der absoluten Wahrheit ins Auge sehen können: „Ja, so ist es, es ist Befreiung – die Befreiung von den Illusionen, die wie Fesseln waren."

Das Erleben der formlosen Vertiefungen muß immer wieder wiederholt werden, denn selbst die Erkenntnis macht es noch nicht möglich, ständig in ihr zu leben.

Durch die ersten drei formlosen Vertiefungen haben wir die Einsicht gewonnen, daß wir nicht so sind, wie wir annahmen, sondern unsere Gedanken und Gefühle bedingt sind durch eine Begrenzung, die wir uns selber auferlegt haben. Da wir uns durch das Erleben der Leere befreiter fühlen, wird es uns klar, daß es etwas geben muß, das keinen Bedingungen untertan ist. Wir alle unterliegen Bedingungen, die dann Folgen haben – Ursache und Wirkung:

Wir haben einen Körper, der die Sinne in sich trägt, durch die wir Sinneskontakte machen; davon bekommen wir Gefühle, und auf die reagieren wir; durch das Reagieren haften wir an, und Anhaften bringt uns immer wieder zum Werden.

Wer durch das Erleben der Leere einen Vorgeschmack von Freiheit bekommen hat, wird daran interessiert sein, das Bedingungslose zu erkennen, und danach Ausschau halten. Sein Geist ist gewillt sich hinzugeben; er hat von den voreingenommenen Ideen, die wir alle mit uns herumtragen, schon größtenteils losgelassen.

d) Weder-Wahrnehmung-noch-Nichtwahrnehmung

Auf dieser Stufe gibt es nun weder den Beobach*ter* noch die Beobach*tung*.

Sie ist ein Stadium ganz tiefer Ruhe, weil die Wahrnehmung zu der Zeit fast ausgeschaltet ist, einschließlich der Wahrnehmung von Frieden, Ruhe und Leere. Denn der Geist hält Ausschau nach dem, was überhaupt nichts mehr enthält.

Wir können das so ansehen: Sogar wenn wir die formlosen Vertiefungen erleben, brauchen wir noch eine klare Wahrnehmung. Was wir nicht wahrnehmen, erkennen wir ja nicht. In diesem Moment wissen wir dann auch, daß selbst Wahrnehmen noch ein gewisses *dukkha* ist; es irritiert, weil es sich bewegt. Es gibt nichts, was sich nicht bewegt. Daher rührt der Wille und die Fähigkeit, die Wahrnehmung auf ein Minimum zu reduzieren. Fokus ist die Leere.

Die achte Vertiefung hat also nichts mehr mit Einsicht zu tun. Da so gut wie keine Wahrnehmung existiert, kann das Resultat dieser Stufe höchstens sein, daß sich ein starker Entschluß bildet, der den nötigen Antrieb gibt, *Nibbāna*, das Bedingungslose, zu erkennen. Dieser Entschluß kann hochkommen, weil sich die Einsichten schon so gefestigt haben, daß die Illusion des *Ich* vielleicht schon fallengelassen, auf jeden Fall viel kleiner geworden ist.

Solange die Beobach*tung* und etwas zu Beobachtendes da ist, befinden wir uns immer noch im Bereich der Bedingungen. Hier ist die Bedingung Konzentration. Der Geist muß sich konzentrieren und muß beobachten, wenn auch ohne Beobach*ter*.

Weder-Wahrnehmung-noch-Nichtwahrnehmung ist die Vorbereitung auf die letzte Stufe, die auf Pāli *Nirodha (Auslöschen, Verlöschen)* heißt und eigentlich nicht mehr als meditative Vertiefung beschrieben werden kann, da sie nur dem Erleuchteten und dem Nichtwiederkehrer (fast Erleuchteten) offensteht. Die acht meditativen Vertiefungen kann jeder – oder soll ich sagen *könnte* jeder? Sie bringen immer größere Läuterung und immer tiefere Erkenntnis mit sich; *Nirodha* aber setzt vollständig vollzogene Läuterung voraus.

Auf dieser letzten Stufe gibt es verschiedene Arten des Erlebens. Eine ist in der Literatur zum Beispiel so beschrieben: Ein solcher Zustand kann sieben Tage gehalten werden, der Meditierende erscheint tot, obwohl er kerzengerade sitzt. Die vitalen Kräfte sind nicht ausgelöscht, aber weder Atem noch Herzschlag noch Körperwärme sind zu spüren; eine Bewußtseinsebene ist noch vorhanden.

Ein anderer Aspekt dabei ist, daß einer, der durch die acht Vertiefungen gegangen ist, ja nach dem bedingungslosen Zustand sucht und daher, zumal eine Läuterung schon geschehen ist, seinen Geist auf etwas richtet, was weder Gedanke noch Wahrnehmung ist, was der Geist wohl erkennen kann, aber nicht als eine der bisher beschriebenen Wirklichkeiten. Der Geist erkennt etwas, was keinerlei Ursache hat. Man kann es als einen *Stillpunkt* bezeichnen. In diesem Erleben gibt es keinen Beobachter oder Wahrnehmer mehr, es gibt nur diesen Stillpunkt. Denn selbst im tiefen Frieden der vierten feinkörperlichen Vertiefung existiert immer noch, wenn auch in sehr subtiler Form, derjenige, der den Frieden erlebt. Das gleiche gilt für die fünfte, sechste und siebte Vertiefung – es ist ja das *erkannte Erleben*. Die achte, als Vorbereitung auf *Nibbāna*, ist eine Bewußtseinsänderung und keine Einsichtsstufe.

Auf der letzten, *Nirodha*, wo der Drang nach dem Bedingungslosen gekommen ist, gibt es niemanden mehr, der irgend etwas erlebt. Unmittelbar danach kommt der Moment der Erlösung (*Nibbāna*).

Nibbāna wird in den Büchern manchmal als ein Aufgehen in einem Ozean beschrieben. Das stimmt nicht ganz. Denn es hieße, noch etwas zu behalten: Man wäre zumindest ein Teil des Ozeans. Es ist aber ein vollkommenes Aufgehen, auch der Ozean ist leergeworden.

Ich möchte noch einmal darauf hinweisen, daß der Buddha die Vertiefungen nicht so detailliert erkärt hat. Wie ich schon sagte: Ich nehme an, daß zu seiner Zeit die Menschen sie ganz einfach konnten und keine Instruktionen brauchten. Ich erwähne das deshalb noch einmal, weil es nicht einfach ist, subtile Geistesvorgänge in unsere gewöhnlichen Worte zu kleiden. Die Worte, die ich verwende, werden dem Vorgang nicht ganz gerecht. Es sind aber die besten, die ich finden kann.

Die Vertiefungen sind jedem ernsthaft Meditierenden möglich. Ein *Meister der jhānas* ist man jedoch erst dann, wenn man zwischen den einzelnen Stufen hin- und herspringen kann und genau weiß, auf welcher man ist, auf Anhieb in jede hineinkann, so lange darin verweilt, wie man sich vorgenommen hat, herauskommt und die Unbeständigkeit erkennt.

Dann ist man ein Meister seines Geistes. Man muß genau wissen, was man tut.

Ob Meister oder Anfänger – alle Vertiefungsstufen helfen, der Kernwahrheit näherzukommen, weil sie die *Ich*-Illusion aufdecken. Sie haben eine Qualität des Lichtes, der Helle, der Leichtigkeit. Sie sind der Weg, der uns am Ende zur Freiheit führt. Das bedeutet aber *vollkommene Entsagung*. Sie ist auf dem Wege der Vertiefungen bedeutend einfacher, weil das Erleben der Vertiefungsstufen ja schon auf Entsagung aufgebaut ist, man Gedanken, Anschauungen und ständiger Fütterung des Geistes bereits entsagt hat. Daher ist dann die letzte Entsagung eine selbstverständliche Konsequenz aus den vorhergehenden Schritten. Man weiß auch, daß man ja nichts aufgibt, sondern zur Wirklichkeit vorgestoßen ist.

Ich möchte zum Abschluß noch einmal in Erinnerung rufen, daß dieser Weg der meditativen Vertiefungen uns wohl leidfreie Zustände beschert, aber *dukkha* nicht entfernt. Sobald die Konzentration zu Ende ist, ist *dukkha* wieder da. Wir müssen uns also ganz klar darüber sein, daß diese Stadien der meditativen Vertiefungen ein notwendiges Mittel sind, aber nicht *dukkha* von uns nehmen; sie zeigen uns nur, wohin wir zu gehen haben, um es endgültig loszuwerden.

Über die Vertiefungen ist der Weg zum Klarblick ein Weg der Freude und Zufriedenheit. Sie halten den Meditierenden auf dem Pfad, heben sein Bewußtsein, läutern automatisch und bereiten ihn auf das Verständnis der tiefsten Einsicht vor, so daß er sie akzeptieren kann.

Unter einer Bedingung allerdings: wenn man immer wieder vor den Fallen gewarnt wird und sie auch erkennt; sie heißen „die Korruption der Einsicht“. Natürlich stellt sie einem kein anderer als der eigene Geist. Ich nenne ihn einen Zauberkünstler. Er kann alles – sogar erleuchtet werden.

Weil die Vertiefungen so angenehm sind, will man sie haben, behalten und wiederbekommen, haftet also an und behindert sich dadurch am Weiterschreiten. Man kann sich in die Annehmlichkeiten der Vertiefungen zurückziehen und hat eine andere Welt.

Deshalb ist es so ungeheuer wichtig, am Ende jeder Meditationssitzung die Vergänglichkeit der vorhergegangenen angenehmen Zustände zu betrachten. Zu der Zeit ist der Geist soweit geläutert, daß dieses *Erkennen* des Vergänglichkeits-*Erlebens* eine tiefen Eindruck macht. Lediglich intellektuelles Erwägen reicht nicht aus.

Zu Beginn der Praxis der Vertiefungen ist es auch nötig, am Ende der Meditation genau zu rekapitulieren, was man getan hat, um den Geist auf diese Bewußtseinsebenen zu erheben. Wenn man sich einen Pfad präpariert, bleiben die Vertiefungen nicht Glückssache, sondern ständiges meditatives Erleben.

Die zweite Gefahr ist, daß die Vertiefungen dem Geist wieder verlorengehen, wenn man sie nicht täglich praktiziert.

Ich vergleiche das gerne mit Yoga. Übt man eine Weile täglich, dehnen sich Muskeln und Sehnen; der Körper wird geschmeidiger. Hört man aber wieder auf, ziehen sich Muskeln und Sehnen wieder zusammen, der Körper wird wieder steif, und man muß von vorne anfangen zu dehnen und zu weiten.

Genau das gleiche geschieht im Geist. Wenn wir ihn zu einer neuen Bewußtseinsstufe geweitet haben, müssen wir täglich weiterüben, damit er nicht wieder zusammenschrumpft.

Einen „zusammengeschrumpften“ oder „geschrumpften“ Geist nannte der Buddha den Geist, der nur sich selber sieht und mit sich selber beschäftigt ist, dem Haß, Ärger, Ablehnung, Wut selbstverständlich oder gar berechtigt erscheinen.

Die Vertiefungen sind eine Übung des Geistes, die ihn geschmeidig hält und in die Weite und Klarheit führt.

Allmählich wird der Geist immer beweglicher, hat nicht mehr die Härte des Widerstandes in sich, sondern akzeptiert. Er wird zu einem klaren, leuchtenden Geist, der weich und schmiegsam ist, deswegen jedoch nicht die Durchbruchsfähigkeit verliert. Wir stehen im allgemeinen mit der gewöhnlichen Bewußtseinsebene wie vor einer dicken Ziegelmauer und können nicht weiter. Ein in der Meditation gezähmter Geist, der sich sammelt und dadurch Kraft gewinnt, dem Einspitzigkeit zu Stärke verhilft, wird zu einem gewichtigen Werkzeug, das in die Tiefe zur Wahrheit durchzustoßen vermag.

Die *jhānas* sind der Weg, den der Buddha selber eingeschlagen hat: „Dies ist ein Vergnügen, dies ist eine Freude, die ich mir gönne."

Fragen und Antworten

F: Bei mir kommt in der Meditation oft erst ein wunderbares Gefühl der Ruhe, aber dann irgendwann Angst. Und in dem Moment gehe ich zurück und bin wieder an der Oberfläche. Wie kann ich das überwinden?
A: Durch Erkennen. Angst ist immer Angst des Ego. In wirklicher Konzentration ist das Ego ausgeschaltet. Sobald ich denke, weiß ich, daß ich da bin. Sobald ich nicht mehr denke, hat das Ego keine Unterstützung. Das zu erkennen macht es vielleicht möglich, dem Geist diesen nötigen Entscheidungsstups zu geben, konzentriert zu bleiben. Bei der ersten Vertiefung ist es nötig, immer wieder nachzuhelfen.

Manchmal kann man die Angst jedoch nur dadurch überwinden, daß man sich gut zuredet; dann ist die Konzentration natürlich weg. Aber oft ist es nur eine kleine Ängstlichkeit; erlaubt man ihr nicht hochzukommen, sondern meditiert einfach weiter, verschwindet sie von selbst.

F: Wenn ich zum Beispiel in der Vertiefung *Frieden* bin und die Konzentration nachläßt: Muß ich auf den Atem gehen, kommt der Frieden dann wieder?
A: Man kann auf den Atem gehen, aber auch das ist nicht immer nötig. Wenn du merkst, daß die Konzentration weggegangen ist, das Körpergefühl aber noch da, dann geh auf das Körpergefühl und verschärfe die Konzentration wieder.

F: Es kommt oft in Wellen, daß die Konzentration tiefer wird, und manchmal habe ich das Gefühl, ganz plötzlich zu fallen.
A: Ja, das ist der bekannte „*drop*": Der Geist geht effektiv in die Tiefe. Da der Geist immer dort ist, wo er sich konzentriert, ist es wirklich so, daß er in die Tiefe gegangen ist. Manchmal kommt das Gefühl, der Körper gehe mit.

F: Wenn wir auf der Stufe *Unendlicher Raum* den Raum auflösen, wie sieht es dann mit der Zeit aus? Raum und Zeit gehören in unserem Normalbewußtsein ja zusammen. Zeit ist das Zeichen des Verfalls, Raum ist die Vielheit.
A: Der Zeit ist man nicht gewahr.
F: Sieht man auf dieser Stufe den Verfall?
A: Nein, den sieht man in der siebten Vertiefung. Im Moment der Unendlichkeit des Raumes ist das einzige, was zu Bewußtsein kommt, die Unendlichkeit des Raumes.

F: Wenn man auf der sechsten Stufe das allgemeine Bewußtsein erlebt: betrifft das den Geist? Alle Menschen haben doch den gleichen Geist. Ist das der Geist, den man spürt?
A: Ja. Man fühlt sich nicht als Einzelwesen und erkennt, daß alle um einen herum nur lauter Häufchen Materie sind und nicht Einzelgeschöpfe.

F: Sind die Vertiefungen unbedingt nötig zur Erlösung? Es gibt doch auch die sogenannte *trockene Einsicht,* mit der man hinkommen kann.
A: So sagt man. In den Schriften ist erwähnt, daß zur Zeit des Buddha 368 Menschen erleuchtet wurden, ohne je zu meditieren; das wird *trockene* oder *reine Einsicht* genannt. Es ist anzunehmen, daß diese Menschen ihre Meditationsarbeit vorher schon erledigt hatten.

Das wird auch heute immer wieder versucht, entweder mit gar keiner Meditation, was natürlich hoffnungslos ist, oder mit reiner Achtsamkeit. Es hört sich einfacher an, als in die Vertiefungen zu gehen, ist aber viel schwieriger, ist ein freudloser, trockener Weg. Er wird auch von Menschen propagiert, von denen man annehmen sollte, daß sie erleuchtet waren. Aber wie sie auf diesen Weg kamen, entzieht sich meiner Kenntnis.

F: Können auch Geisteskranke zur Erleuchtung kommen?
A: Dem wirklich Geisteskranken ist der spirituelle Pfad in diesem Leben verschlossen. Er muß auf eine bessere Wiedergeburt warten. Geisteskrank zu sein ist dieses Menschen *Karma*, aus dem er sich in diesem Leben oft nicht herausbewegen kann. Es kann aber mit dieser Geburt abgetragen sein.
F: Geisteskrankheit ist also nicht ein Zustand, den jeder einmal durchmachen wird oder muß auf dem Weg?
A: Nein. Es kann, muß aber durchaus nicht sein. Es hängt von unserem eigenen *Karma* ab, wir haben alles selber in der Hand.

F: Ich finde es ganz großartig, daß du uns alle Stufen und das Ziel so genau erklärst und die Verbindung zum alltäglichen Leben zeigst. Ich habe manchmal das Gefühl, daß Leute darüber sprechen mit dem Wunsch letzten Endes, es geheimnisvoll zu machen. Sie erklären einen für unmündig. Von dir fühlt man sich so liebevoll behandelt. Du siehst, alle haben den gleichen Geist und das gleiche Bedürfnis, und jeder ist mündig für eine solche Information. Sonst hätten wir auch keine Fortschritte machen können.

A: Mir ist es genauso gegangen. Ich habe über die Vertiefungen immer nur geheimnisvoll von ferne läuten hören. Das hat mir auch nicht gefallen, ich wollte es genau wissen. Jeder hat die Fähigkeit, man muß sich nur dahinterklemmen und praktizieren.

F: Ich finde es sehr hilfreich, daß du uns so ganz kleine Tricks verrätst und gleichzeitig die Verbindung zeigst von Erkenntnismöglichkeit in der Meditation mit Alltags- und Lebensführung.

A: Auf Englisch heißt das *tricks of the trade.* Meine sind nicht geheim, und Buddha, wie ihr wißt, ist auch *ohne Geheimnis.*

VI. Einsichtsstufen

Einsicht, die wir in den Vertiefungen gewinnen, ist immer angenehm, befreiend, erlösend. Der Geist fühlt sich zu Hause, kann sich sozusagen in Ruhe und Freude baden.

Einsicht/Klarblick kann aber auch durch *momentane Konzentration* kommen. Das heißt, in Augenblicken ganz scharfer Konzentration kommen Erkenntnisse, und zwar in einer Tiefe, die einen nicht mehr unberührt lassen kann.

Die Stadien, die zu Einsicht führen, sind für jeden gleich. Obwohl es so ist, daß man plötzlich einen Einblick gewinnt, geschieht Einsicht/Klarblick sukzessive.

1. Unbeständigkeit

Als erstes müssen wir die Unbeständigkeit erkennen, das Entstehen und Vergehen unserer Gefühle, Gedanken, auch unserer Körperlichkeit, und daß Geist und Körper getrennt sind.

Davon war ja schon hinlänglich die Rede.

2. Auflösung

Die Unbeständigkeit ist eine eindrucksvolle, aber auch bestürzende Erfahrung. Wer sich durch sie nicht abschrecken läßt und weitergeht, kommt zu dem klaren Erkennen, daß alles ständig auseinanderfällt, in Auflösung begriffen ist, nicht nur draußen, sondern in einem selber. Daß das noch bestürzender ist, ist wohl fraglos: Wenn alles ständig auseinanderfällt, wozu bemüht man sich dann eigentlich? Es ist leicht möglich, daß in diesem Moment ein Gefühl der Sinnlosigkeit in einem hochkommt, ein Gefühl der Unlust. Man will nichts weiter wissen und nur dorthin zurück, wo man hergekommen ist: in die Kinderstube, wo alles stabil und nett und bunt aussah, wo man sich behütet fühlte – wir wollen zurück in die Kinderstube des Denkens und Verstehens.

Deshalb empfehle ich immer wieder, erst die Vertiefungen zu praktizieren. Dann sind diese Erkenntnisse, die unausweichlich kommen, nichts als eine Folgerichtigkeit und vollkommen akzeptabel.

3. Panik

Wer indessen nicht zuvor in die Vertiefungen gegangen ist, reagiert auf die Erfahrung des ständigen Auseinanderfallens mit Panik, Angst und Schrecken als vorgegebenem Stadium, durch das jeder, der zu diesem Punkt gekommen ist, hindurch muß.

Diese Angst ist berechtigt, ist real und kann nur durch Entschlußkraft und intelligentes Nachprüfen überwunden werden, statt sich von Emotionen hinreißen zu lassen.

Vor allen Dingen aber braucht man in dem Moment, wo diese Panik entsteht, einen *Lehrer*, der einem versichert, daß alles in Ordnung ist. Wenn man sich mit einer solchen Gemütsstimmung allein überlassen ist, wird man entweder deprimiert oder gibt das Meditieren auf und läßt sich womöglich noch stärker auf die Suche nach Lustbefriedigung ein. Wir sind ja ständig mit Widersprüchen behaftet. Da das sowieso unsere Art und Weise ist zu leben, wird dieser Widerwille, der hochkommt und der stärker ist als nur Unlust, mit dem zu bekämpfen versucht, was wir für das Gegenmittel halten, nämlich Wollust.

Das Erkennen des ständigen Auseinanderfallens ist eine große Einsicht, und wenn der Geist durch Meditation präpariert genug ist, muß er nicht in Angst und Schrecken verfallen.

Diese Angst kann ganz verschiedene Formen annehmen. Zum Beispiel kann in der Meditation ein Gefühl oder eine Vorstellung des Sterbens hochkommen, man kann sich auf Tod und Leben angegriffen sehen oder sieht sich plötzlich verschwinden, ist nur noch so groß wie ein Punkt.

Sicher sind wir unseres Lebens nie. Es ist ja nur eine Hoffnung und gewisse Wahrscheinlichkeit, den heutigen Tag zu überleben. Und so leben wir in ständiger Angst, *mir* könnte etwas passieren. Das *mir* ist eine Illusion, das *passieren* eine Selbstverständlichkeit: jeder stirbt.

Ein Lehrer wird immer empfehlen, der Panik klar ins Auge zu blicken, zu beobachten, wie auch sie kommt und vergeht, wie auch sie nur ein unangenehmes Gefühl ist, so unbeständig wie alle Gefühle. Alles, was man genau anschaut und fest beobachtet und sich nicht davon kleinkriegen läßt oder damit identifiziert, verschwindet.

4. Gefahr

Sobald man die Panik als unbeständig erkannt und überwunden hat, kommt als nächste Stufe, die Gefahr zu erkennen, in der man sich befindet, solange man in diesem ewigen Kommen und Gehen existiert, in diesem Rauf und Runter, Entstehen und Vergehen, in dem kein sicherer Punkt zu finden ist.

In buddhistischer Terminologie heißt die Gefahr sehen *Saṁsāra* sehen, die Kette der Wiedergeburten; weltliche

Existenz, die sich im Kreis bewegt. Wir brauchen dabei nicht an vergangene Leben zu denken; es gilt ebenso für dieses gegenwärtige, in dem wir immer in Gefahr sind, uns im Kreis zu drehen – obwohl wir älter und älter werden und uns auf unser Grab zubewegen, was eine lineare Bewegung zu sein scheint. In Wirklichkeit drehen wir uns im Kreis vom Guten zum Schlechten, vom Angenehmen zum Unangenehmen ständig hin und her und sehen keinen Ausweg.

Diese Gefahr, in einer Scheinwelt zu leben, muß einem so deutlich vor Augen treten, daß man als höchstes Geistesgut und Wichtigstes im Leben nichts anderes mehr sieht, als daraus befreit zu werden.

Das setzt voraus, daß man keine Angst und Abwehr mehr empfindet vor Erkenntnissen, die alles umwerfen, was man sich bis dahin aufgebaut hat. Alle Erkenntnisse, die man auf dem spirituellen Weg gewinnen kann, sind wie Kugeln, die die Kegel umwerfen, mit denen wir zuvor gespielt haben. Alles, was wir in diesem oder vorigen Leben für wichtig und bedeutsam gehalten haben, das uns beschützen und tragen sollte, wird in diesen Erkenntnissen umgeworfen.

5. *Abwenden*

Es folgt ein Stadium, das auf Pāli *nibbidâ* heißt und mit *Abwenden* übersetzt werden kann.

Es bedeutet, Glück und Erfüllung nicht mehr in weltlichen Dingen zu suchen. Wenn wir uns vom Weltlichen abwenden, befreien wir unsere Energien und können uns der spirituellen Praxis ganz hingeben. Wir müssen uns immer wieder darüber klarwerden, daß sich der *spirituelle Pfad* nicht auf dem Meditationskissen abspielt, sondern durch *Innenschau*, indem wir uns selber prüfen und in unseren Reaktionen verbessern, zum Beispiel erkennen, wenn uns Begierde oder Böswilligkeit überrannt hat. Aber tadelt euch dafür nicht, sonst gibt es zwei negative Emotionen. Es ist nötig, unsere Reaktionen zu erkennen, vor allem natürlich im Umgang mit anderen Menschen. Wenn wir allein sind, ist es viel einfacher, seine Böswilligkeit und Begierde zu übersehen. Sie sind da, kommen aber nicht so deutlich zum Vorschein.

Sich abwenden vom weltlichen Leben bedeutet nicht unbedingt, sich in ein Kloster zurückzuziehen. Es ist nicht nötig, seinen Beruf an den Nagel zu hängen und die Familie zu verlassen. Man muß seinen Verpflichtungen nachkommen, andernfalls handelt man sich bloß Reuegefühle ein.

Sich abwenden vom Weltlichen bedeutet es als das erkennen, was es ist, eine ständige Versuchung. Wir müssen stark genug werden, ihr zu widerstehen. Diese Stärke kommt nur durch Klarblick in die Scheinbefriedigung durch die Sinne. Man erkennt als Hauptsache und Richtung für sein Leben, die Wahrheit ergründen zu wollen, die einem im weltlichen Leben nicht sichtbar ist, weil sie immer wieder hinter der Geschäftigkeit des Alltags verschwindet.

6. Loslösen

Beim Abwenden fängt der spirituelle Pfad an, Loslösen ist der nächste Schritt. Das Interesse am Weltlichen ist verlorengegangen. Jetzt hat es sehr wohl einen Sinn, ins *Kloster* zu gehen. Nur weiß man leider vorher nicht, daß man auf dieser Stufe dort wirklich gut aufgehoben ist. Man kann sich auch ablösen, indem man weiter in der Welt lebt. Dann muß man allerdings in Kauf nehmen, für etwas seltsam gehalten zu werden. Dem kann man höchstens entgegenarbeiten, indem man anderen Menschen mit noch mehr liebender Güte und Mitgefühl begegnet.

Wer sich losgelöst hat, weiß ja, daß die anderen an einem Phantom festhalten, an einem Wahn. Da hat er natürlich

Mitgefühl mit den Schwierigkeiten, in die sie dadurch kommen, denn er erinnert sich an seine eigenen. Nur aus Mitgefühl hat der Buddha versucht, die im *Ich*-Wahn befangenen Menschen zu belehren.

Wer sich vom Weltlichen abgelöst hat, kann anderen ein *nobler Freund* sein. Der Buddha hat gesagt, ein guter Freund sei das Allerwichtigste im spirituellen Leben. Ohne Hilfe eines *noblen Freundes* verfängt man sich leicht in den vielen Möglichkeiten, falsche Wege zu gehen, seine Zeit und Energie zu verschwenden, und kommt womöglich in diesem Leben nicht so weit, wie man hätte kommen können. Das Abgleiten vom Pfad ist genauso eine ständige Gefahr wie das Schrumpfen des Geistes.

Ein spiritueller Lehrer kann so ein *nobler Freund* sein. Jeder, der etwas von der absoluten Wirklichkeit, die hinter der Wahnvorstellung steckt, verstanden hat, kann uns weiterhelfen, kann uns ein Lehrer sein. Wir können schwerlich warten, bis ein Erleuchteter zu uns gereist kommt. Deshalb ist es sehr wichtig, uns nicht nur einen *noblen Freund* zu suchen, sondern selber einer zu werden.

Dazu gehört, die Lehre des Buddha richtig zu verstehen und nicht nach eigenem Gefallen auszulegen. Das ist eine große Gefahr. Denn den größten Gefallen findet der Mensch, der noch nicht viel Klarblick hat, in den Sinnesbefriedigungen. Darum verwässert er die Lehre in dieser Hinsicht nur allzugern: „Ein Schlückchen Alkohol kann doch nicht schaden!“ Es kann schon schaden, weil man noch nicht die Klarheit des Wissens in sich hat, daß die Sinne uns nichts bieten können, im Gegenteil.

Es hat keinen Sinn, sich aus der Lehre des Buddha das auszusuchen, was einem gefällt. Das Ego wählt aus, was ihm zusagt. Will man auf dem spirituellen Pfad wirklich vorankommen, muß man dem *Dhamma* ganz folgen. Sich dieses oder jenes aussuchen ist ohne Demut.

Wenn wir das Loslösen schaffen, erkennen wir die Dinge, wie sie wirklich sind. Der Schritt zur vollkommenen Befreiung liegt dann nahe. Die Schwierigkeit ist, sich von allem loszulösen, was einem bis dahin wertvoll erschien. Ohne konsequentes Meditieren ist das wohl unmöglich.

7. *Dringlichkeit (saṁvega)*

Als nächster Schritt kommt ein ganz starker Wunsch, die vollkommene Freiheit zu finden, die Erlösung.

Man erkennt die *fünf Daseinsgruppen,* aus denen wir bestehen – Körper, Gefühl, Wahrnehmung, Gedanken und Sinnesbewußtsein –, als eine Bedrückung. Es muß ein Gefühl, eine sehr tiefgehende Einsicht sein, kein intellektuelles Wissen. Nur dann hat es zur Folge, daß man nichts anderes mehr sucht, als von dieser Bedrückung freizuwerden.

Da der Buddha diese Freiheit versprochen hat, ist einem fortan an nichts anderem gelegen, als seine Lehre zu verwirklichen. Es kommt vielleicht soweit, daß dies zur einzigen Tätigkeit wird.

Das heißt natürlich nicht, man müsse alle Lehrreden kennen, womöglich auswendig. Es ist aber gut, einige zu kennen. Wissen hilft, nicht im Dunkeln zu tappen. Man braucht sich damit aber nicht so vollzupfropfen, daß man keine Zeit mehr zum Praktizieren hat. Des Buddha Pfad war immer eine Kombination von Studium und Praxis. Ein Zuviel auf einer Seite geht zu Lasten der anderen.

Man muß zumindest die Richtung wissen, muß wissen, worauf alles hinausläuft, nämlich auf Unbeständigkeit, Leidhaftigkeit und Substanzlosigkeit.

Der Wunsch nach Befreiung wird oft mit dem Verlangen nach Vernichtung verwechselt. Ich werde manchmal gefragt, ob er dasselbe sei wie der Wunsch nach Selbstmord. Das Wort allein sagt uns, daß das nichts Gutes sein kann – es ist Mord. Befreiung heißt nicht das Selbst ermorden, sondern die Wahnvorstellung eines Selbst erkennen und fallenlassen. *Fallenlassen* ist der ständig wiederkehrende Refrain!

Wer diese Stufe erreicht hat, hat schon erkannt, daß er nicht als ein Selbst *Nibbāna* verwirklichen kann. Es ist nicht so, daß man diesen Weg geht und am Ende eine Prämie bekommt, genau das Gegenteil ist der Fall: Wer die Prämie haben will, muß denjenigen, der sie haben will, vollkommen aufgeben.

Das Praktizieren zur Hauptsache machen bedeutet nun aber nicht, vierundzwanzig oder auch nur fünfzehn Stunden täglich auf dem Meditationskissen sitzen. Es bedeutet, ständig den *Dhamma*, die Lehre, im Sinn haben. Alles, was man sieht, hört, spricht, denkt, nimmt sofort eine Bedeutung des *Dhamma* an.

Wenn man zum Beispiel jemanden sieht oder spricht, den man nicht mag, sieht man das als eine Lernsituation und übt Ersetzen der Abneigung durch liebende Güte und Mitgefühl. In einem sterbenden Baum erkennt man, daß da, wo Geburt ist, Tod sein muß. Selbst eine so gewöhnliche Handlung wie Fußboden kehren wandelt sich in den *Dhamma* um: Man weiß, man muß die Schmutzecken aus sich selber hinauskehren. Jede noch so alltägliche Begebenheit hat ihren Ursprung im *Dhamma.* Das ist eine ganz natürliche Folge dieses dringenden Wunsches nach Befreiung; der Geist kann einfach nichts anderes mehr denken.

Man hat erkannt, daß das Haus, in dem wir herumspielen, effektiv brennt.

Der Buddha hat uns nämlich mit Kindern verglichen, die in einem brennenden Haus weiter mit ihren Spielsachen spielen, statt sich ins Freie zu retten.

Wir haben Gärten, Möbel, Kakteen, Schreibmaschinen, Bücher, Beruf, Studium, Reisen; unser neuestes Spielzeug ist der Computer. Das Schlimme ist: Man hängt daran und vertut seine Zeit damit. Unser beliebtestes Spielzeug sind andere Menschen. An denen hängen wir am meisten, mit denen beschäftigen wir uns am meisten. Wie Kinder spielen wir mit unserem Puppenhaus voller Puppen, und manche Männer nennen ihre Liebste ja sogar „Puppe".

Das Feuer unserer Leidenschaften und Emotionen verbrennt uns ständig. Da wir uns dabei nicht glücklich und erfüllt fühlen, sind wir auf neues Spielzeug aus.

Wenn wir aber wissen, daß wirklich die Flammen lodern, haben wir keine andere Dringlichkeit mehr, als aus dieser Gefahr herauszukommen.

Dringlichkeit gebietet, keine Zeit zu vergeuden, da sie ohnedies sehr begrenzt ist. Niemand weiß, wie alt er wird, es ist ein karmisches Ereignis. Wir sind in diesem Leben in der glücklichen Lage, als Mensch geboren zu sein, der alle seine Sinne und Fähigkeiten beieinander hat, und wir haben das ganz hervorragende *Karma*, den *Dhamma* hören, lesen, vor allem praktizieren zu können. Nur eine verschwindende Minderheit in der Welt hat dieses *Karma*. Es gibt zwar viele Buddhisten, aber nicht jeder hat die Möglichkeit zu praktizieren. Auf der Stufe der Dringlichkeit wird uns klar, daß wir diese Gelegenheit mit all unserer Kraft ausnützen müssen und uns nicht durch Kleinigkeiten abbringen lassen dürfen. Kleinigkeiten sind die täglichen Erledigungen, die natürlich gemacht werden müssen. Aber je mehr Achtsamkeit wir haben und je weniger Wichtigkeit wir ihnen beimessen, desto schneller gehen sie uns von der Hand, desto weniger stören sie uns. Abgesehen davon, daß wir jede einzelne dazu verwenden können, den *Dhamma* darin zu sehen.

Jeden Augenblick zum inneren Wachstum nutzen – das ist wahre Lebenskunst. Es wird oft falsch verstanden, was es heißt, ein „Lebenskünstler" zu sein. Wenn wir wirklich zum Künstler des Lebens werden, leben wir im jeweiligen Augenblick und benutzen ihn, daraus zu lernen.

Wenn man so weit gekommen ist, vollzieht man Kontemplation und Reflexion beinahe automatisch. Man braucht sich nicht hinzusetzen mit dem Vorsatz zu kontemplieren. Alles, was um einen herum und in einem drin geschieht, gibt einem Anlaß, es sich gemäß dem *Dhamma* zu erklären: „Was bedeutet das im Licht der Lehre des Buddha?"

Dann lassen wir uns zum Beispiel von der Schönheit eines Sonnenauf- oder -untergangs nicht mehr in Versuchung bringen zu glauben, durch die Sinne sei Glück zu finden. Was immer um und in uns vorgeht, zeigt uns Unbeständigkeit, Leidhaftigkeit und Substanzlosigkeit.

Wir werden auch, wenn wir automatisch reflektieren, sogleich erkennen, wenn das Ego uns einen Schabernack spielt, was es ja dauernd tut. Lobt uns zum Beispiel jemand, haben wir plötzlich das Gefühl, als blähe sich uns der Bauch etwas auf. Tadelt uns jemand, ist uns, als sackten wir in uns zusammen: Das Ego kommt sich groß und dick oder klein und häßlich vor, auch wenn man gar nichts antwortet. Das zu beobachten ist unbedingt nötig, denn was wir nicht erkannt haben, können wir nicht loswerden.

Eine Innenschau, die ganz starkes Einsehen bringt, ist das eigene *dukkha* zu betrachten und sich nicht damit zu identifizieren. Das heißt sich betrachten, wie man ist, und erkennen, daß es nicht so hundertprozentig wunderbar in einem aussieht, wie auch der Körper, der weder alt noch krank ist, an allen Ecken und Enden leidet. Diese Betrachtungen vertiefen das Sichabwenden von weltlichen Genüssen oder besser gesagt von dem Glauben, sie könnten je befriedigen.

Dieses Reflektieren bringt einen ganz klar zu dem Punkt, wo keine Bewegung, sei sie gedanklich, gefühlsmäßig oder körperlich, noch von Wichtigkeit ist. Dann kommt Gleichmut hoch.

Ein geliebter Mensch stirbt – man weiß, es ist nichts weiter als *Veränderung,* die Unbeständigkeit der Zellen, die den Körper ausmachen. Jemand tadelt uns; wir verlieren, was wir behalten wollten – und sehen darin nichts weiter als die Veränderlichkeit der Gedanken und Gefühle. Denn wir haften nicht mehr an.

Gleichmut läßt uns auch ohne die Rückendeckung der Vertiefungen akzeptieren, daß die *Ich*-Illusion eine Wahnidee ist, und die Veränderlichkeit in einem selber als Wahrheit hinnehmen.

Die *meditativen Vertiefungen* beanspruchen, weil sie so angenehm sind, weiter nichts als Konzentration. Der Weg über die *Einsichtsstufen* indes verlangt darüber hinaus einen absolut entschlossenen, willenskräftigen und unerschrockenen Menschen, um durch die Bedrohungen hindurchzugehen. Es ist ein Weg, der nur in die Tiefe führen kann, und in der Tiefe wohnen Dämonen. Mit denen muß man fertigwerden. Der Dämon heißt *Ich.* Das Ego will auf keinen Fall ausgemerzt werden.

Die *Ich*-Illusion durchschauen bedeutet, man hat Gleichmut entwickelt. Er *muß* kommen, wenn man die Panik überschreitet, die Gefahr, in dieser Scheinwelt weiterzuleben, erkennt, ihr ins Auge blickt und sie akzeptiert. Auf dem Weg der Einsichtstufen ist einem kein Ausweg gelassen, keine andere Welt, in die man sich zurückziehen kann wie in die Annehmlichkeiten der Vertiefungen. Wenn man nicht in der Scheinwelt leben will, muß man von der *Ich*-Illusion loslassen. Wenn man weiter in der Scheinwelt leben will, muß man von der Meditation loslassen und weiterspielen.

Der Weg der reinen Erkenntnis ist möglich und auch schon gegangen worden. Einige halten ihn sogar für leichter. Es ist ihr *Karma*, das manche Menschen zu diesem Weg hinführt.

Wäre es nicht so schwierig, wären es viele, nicht nur einige wenige Menschen, die zur Erlösung kommen. Ohne Frage gibt es in jedem Zeitalter Menschen, die die Erlösung ganz klar vor sich sehen und auch in sie eintreten. Karmische Dinge sind dabei im Spiel, die uns zur Reife bringen. Da aber keiner von uns genau weiß, auf welcher Reifestufe er steht, können wir jetzt und hier nur das Bestmögliche tun.

Es ist ein Reifeprozeß, der sich, wenn man weiterpraktiziert, langsam aber sicher immer weitervollzieht. Es ist keine automatische Evolution. Es ist ein Trugschluß zu meinen, wir gingen einer automatischen Evolution entgegen, wo alle einmal erlöst sein werden. So etwas gibt es nicht. Wir befinden uns in einem Wechselspiel, in dem wir von unseren Instinkten und Impulsen ständig hin und her gezogen und getrieben werden. Nur wenn wir erkennen, daß wir dieses Spiel überwinden und transzendieren können, haben wir eine Möglichkeit der garantierten Evolution.

Sie fängt – in der buddhistischen Terminologie – an mit dem *Stromeintritt.*

Der Buddha hat unsere Existenz im Kreislauf der Wiedergeburten als einen reißenden Strom bezeichnet und den *Dhamma* als Floß, das uns hinübertragen kann ans andere Ufer.

Der Strom, der in uns strömt, bringt uns ständige Gefahren, auch wenn wir glauben, am sicheren Ufer zu stehen.

Stromeintritt bedeutet: Man ist in den Strom eingetreten, der einen ohne Frage zur Erlösung führen wird, weil man den *Dhamma* als Floß benutzt. Wenn man am anderen Ufer angekommen ist, trägt man das Floß natürlich nicht mit sich herum, sondern versucht es zurückzuschicken, damit andere es benutzen können. Der Buddha hat auch gesagt, die meisten Menschen laufen ihr Leben lang aufgeregt auf dem diesseitigen Ufer hin und her und jammern über die reißende Strömung, trauen sich aber nicht hineinzuspringen und hinüberzuschwimmen.

Wer absolutes Vertrauen in den *Dhamma* hat, wird ein *kleiner Stromeintretender* genannt: Er begibt sich wenigstens zum Floß.

Richtiger *Stromeintritt* ist damit verbunden, daß man die Angst loszulassen weit genug aufgegeben hat und für einen Augenblick Erleuchtung erfährt, meistens eine halbe oder ganze Sekunde lang. Dabei steigt ein unzweifelhaftes Erkennen auf, daß hier niemand existiert, Erkenner und Erkanntes eins sind. Es gibt niemanden mehr, der etwas erkennt. Was erkannt wird, ist nichts weiter als die Bewegung, die im ganzen Universum existiert, die keinerlei Substanz hat und niemanden in sich, der sich bewegt.

Man kann dieses Erlebnis auch anders beschreiben, es ist beinahe unmöglich, es vollständig in Worte zu kleiden. Man kann aber ganz klar sagen, daß ein Ergebnis davon ist, nicht mehr an *sich* als ein Individuum zu glauben. Man weiß, daß dem nicht so ist.

Stromeintritt ist sozusagen der erste Schritt, der die Evolution garantiert, weil man soweit losgelassen hat, daß man sich in diesen Strom zu *Nibbāna* eingelassen hat. Wenn man nicht an dieses Erlebnis denkt, fühlt man sich weiter als *Ich*. Nie mehr das *Ich* zu fühlen ist dem Erleuchteten vorbehalten.

Fragen und Antworten

F: Wie kann man wissen, welcher Weg für einen richtig ist?
A: Derjenige, den der Geist einschlagen kann. Wenn er in die Vertiefungen gehen kann, ist das der richtige Weg. Wenn er es nicht kann oder sich aus irgendeinem Grund dagegen wehrt, was auch vorkommt, muß er den anderen Weg gehen. Oder auf dem anderen Weg ändert sich der Geist, weil er inzwischen praktiziert hat, und geht doch in die Vertiefungen.

F: Warum haben Menschen das Gefühl, es fehle ihnen etwas, nämlich Glück und Zufriedenheit? Warum kommt man so auf die Welt, daß man dem nachjagen muß? Oder sollte man diese Frage lieber nicht stellen?
A: Das würde ich nicht sagen.

Man kommt auf die Welt überhaupt nur, weil man Glück und Frieden nicht gefunden hat. Daß wir ihnen nachjagen, ist erstens auf unsere Sinne zurückzuführen. Wenn wir ohne Sinnesorgane geboren wären, könnten wir den Sinnesfreuden nicht frönen. Der Grund, warum wir Glück an einem Platz suchen, wo es nicht zu finden ist, ist unsere Unwissenheit. Darum hat der Buddha versucht, die Menschen zu belehren. Er hat nicht versucht, eine neue Religion zu gründen. Er gibt den Menschen ein Wissen, das ihnen wirklich Glück bringen wird.

F: Wie erklärt man sich das sehr tiefe Glück, das mit der Geburt eines Kindes verbunden sein kann für diejenigen, die die Geburt miterleben?
A: Man hat ja etwas bekommen. Das ist eine natürliche Reaktion. Aber es gibt heutzutage auch viele Menschen, die kein Kind in die Welt setzen wollen, weil sie die Welt nicht als etwas Wünschenswertes ansehen. Ob hinter dieser Ein-

stellung Egoismus oder Vernunft seht, weiß ich natürlich nicht.

F: Muß man einem Wesen nicht auch die Möglichkeit bieten, sich als Mensch zu inkarnieren?

A: Muß man? Ich weiß nicht. Es gibt beide Standpunkte.

F: Ich möchte noch auf die Partnerschaft zwischen Erwachsenen und Kindern eingehen. Die Antwort, man freue sich nur, weil man etwas bekommen hat, ist ein bißchen einseitig. Es ist ja oft so, daß man sich das Kind gar nicht gewünscht hat. Man kann doch Kinder, auch ganz kleine, als Meditationsobjekt sehen, als etwas, an dem man genauso wachsen kann, wenn man die Augen aufmacht.

A: Verfalle aber bitte nicht in den Glauben, Kinder in die Welt setzen sei ein spirituelles Unternehmen. Kinderkriegen ist eine ganz natürliche Funktion des Menschen.

Aber sich mit Geduld wappnen und immer wieder Liebe diesem Kind entgegenbringen und es dann später loslassen ist eine sehr gute Praxis, in der man viel lernen kann. Wenn man also Kinder hat, kann man sie natürlich als seine spirituellen Lehrer benutzen. Denn Kinder haben ja keinerlei Interesse daran, es einem leichtzumachen.

Genauso ist es mit der Partnerschaft; auch sie kann man sich natürlich als spirituelle Praxis und Arbeit vornehmen. Das hat großen Sinn und Wert. Wir sollen aber auch immer wieder erkennen, daß in keiner menschlichen Situation Erfüllung zu finden ist.

Eine der hochberühmten Frauen zur Zeit des Buddha war Visākhā. Sie war Kind reicher Eltern und heiratete einen noch reicheren Mann, war aber spirituell weit fortgeschritten. Es heißt, sie sei schon mit sieben Jahren *Stromeintretende* gewesen. Außerdem war sie sehr großzügig, schenkte dem Buddha Klöster, Roben und vieles mehr. Visākhā hatte zwanzig Kinder. Eines Tages kam sie in Tränen aufgelöst zum Buddha: „Meine Lieblingsenkelin ist gestorben!“ Der

Buddha fragte sie: „Hättest du gern hundert solcher Enkelinnen?“ – „O ja, liebend gern!“ – „Wieviele Menschen sterben täglich in Benares?“ fragte der Buddha weiter. „Mindestens hundert.“ – „Dann würdest du jeden Tag so unglücklich aussehen.“

Der Buddha hat sie also gelehrt, ihr totes Enkelkind als Lernobjekt zu benutzen.

F: Es ist schwierig, wenn man in einer Partnerschaft diesen Weg allein geht.

A: Ja, dieses Problem kommt immer wieder hoch.

F: Aus der Sicht des Partners nimmt man ihm etwas.

A: Man kann das nur ausgleichen, indem man mehr Liebe und Sorgfalt walten läßt, sich noch mehr bemüht, seine Zuneigung zu zeigen und Rücksicht zu nehmen. Es kommt auch vor, daß der andere nach einiger Zeit bemerkt, wir hätten uns positiv verändert, und Interesse zeigt.

F: Ich finde, die Partnerschaft hat doch so viel für sich, daß man in ihr mehr praktizieren kann als irgendwo sonst.

A: Das stimmt vollkommen. Unsere größten Lernsituationen sind immer andere Menschen. Gerade die Zweierbeziehung ist eine große Herausforderung, sich als Praktizierender zu bewähren. Es gibt auch Momente oder Situationen, wo jemand sagt: „Ich kann nicht mehr, es ist mir zu schwierig.“ Aber das ist ein Eingeständnis der eigenen Unfähigkeit.

F: Dem anderen tut man weh.

A: Ja, gewiß. Das muß man durch verstärkte Zuwendung und Fürsorglichkeit zu mindern suchen. Der andere fühlt sich nämlich gefährdet; er glaubt, wir seien im Begriff, ihn zu verlassen, oder hätten kein Interesse mehr an der Partnerschaft.

F: Warum sind wir so unvollkommen?

A: Weil wir von 31 möglichen Existenzformen, das heißt

Bewußtseinszuständen, die fünfte von unten sind, also eine ziemlich niedere Klasse von Lebewesen.

Trotzdem hat der Buddha gesagt, Mensch sein sei die beste Sphäre, um erleuchtet zu werden. Wir haben nämlich genügend *dukkha* als Ansporn, uns hinzusetzen und zu meditieren, aber auch genügend Annehmlichkeiten, uns vom *dukkha* nicht ganz und gar bedrücken zu lassen.

VII. Fünf Kampfesglieder

Der spirituelle Weg ist kein Spaziergang – er ist ein Kampf, nämlich gegen die eigenen Tendenzen und Instinkte.

Wir reagieren mit unseren Instinkten und Impulsen. Das ist der Weg der Schwäche. Der Weg der Stärke ist, sich selber zu überwinden. Die Kraft des Geistes, die dazu nötig ist, kommt durch *Achtsamkeit.*

Der Buddha hat *fünf Kampfesglieder* genannt, die derjenige braucht, der den spirituellen Weg gehen will.

1. Gesundheit

Ein Kranker, der womöglich gar im Bett liegen muß, ist für diesen Kampf nicht gut gerüstet, vor allem wenn er den spirituellen Pfad noch nicht oder gerade erst begonnen hat. Darum ist es so wichtig, die Zeit nicht zu vergeuden. Ohne Gesundheit fehlt einem nicht nur die nötige Energie, sondern auch die Fähigkeit, den Körper einmal zu vergessen, ihn vollkommen auszuschalten, wie es in den meditativen Vertiefungen der Fall ist.

Für den, der zuvor schon praktiziert hat, ist Krankheit kein so mächtiges Hindernis. Der Buddha konnte auch noch auf seinem Sterbebett in die meditativen Vertiefungen gehen – sein Geist war darauf geschult.

2. *Vertrauen*

Vertrauen ist der notwendige Schritt, der einen zur Freude des Pfades führt.

Vertrauen in die Lehre des Buddha ist eines der stärksten Fundamente, auf die wir bauen können, und ermöglicht uns, diese Lehre zu benutzen.

Solange wir mit Zweifeln behaftet sind, sind wir nicht gewillt, uns hinzugeben. Wem Vertrauen in die Lehre fehlt, wird sich auch anderem nicht vertrauend hingeben können, sei es einem Menschen oder Ideal oder der Meditation.

Sich nicht hingeben können bedeutet Angst, sich, also sein *Ich* zu verlieren.

Man muß vorgehen wie ein Kind, das schwimmen lernt und Vertrauen hat, daß der Schwimmlehrer es nicht untergehen läßt. Ehe es zum erstenmal ins Tiefe springt, schreit es wie am Spieß und wehrt sich. Genau das tun auch wir, nur machen wir nicht soviel Lärm dabei, wir schreien innerlich. Wir haben Angst, uns zu verlieren und zu ertrinken. Nichts aber ist angenehmer, als sich fallenzulassen in das, was man als gut erkannt hat, und das *Ich* in diesem Moment einfach zu vergessen.

Überhaupt ist Vertrauen eine Qualität, die etwas Kindliches an sich hat. Man meint nicht, alles zu wissen und womöglich besser; glaubt nicht, man könne den Pfad allein gehen, ohne Anleitung; glaubt nicht, die Wahrheit sei nur an einer Stelle zu finden, und klammert sich dort fanatisch an.

Vielmehr ergreift man mit kindlichem Vertrauen die Hand des großen Lehrers, des Buddha, und läßt sich zeigen, wie man aus *dukkha* herauskommt. Kinder wollen das, was man ihnen zeigt, dann auch selber ausprobieren. Laßt diese Qualität, die durch die Jahre innerlich verschüttet sein mag, wieder lebendig werden – sie ist ein Bestandteil des spirituellen Weges.

Mit Vertrauen kommt

3. *Aufrichtigkeit*

Denn wo man Vertrauen hat, kann man aufrichtig sein. Ohne Vertrauen wird man versuchen, das Ego irgendwie in ein besseres Licht zu rücken, zu verteidigen, wird ihm Rollen anbieten. Je mehr Ego-Behauptungen wir fallenlassen können, desto ehrlicher und aufrichtiger werden wir einmal erkennen können, wer und was wir wirklich sind.

Aufrichtigkeit ist eine der wichtigsten Charakterqualitäten, die man für die spirituelle Praxis mitbringen muß. Sie ist natürlich gegenüber unserem Meditationslehrer und den Gefährten auf dem Pfad gefordert, die man häufig die „Gemeinschaft der *Sangha*" nennt.

Und selbstverständlich bedeutet Aufrichtigkeit immer die Wahrheit sagen. Das heißt nicht, man solle jedem alles über sich erzählen. In diesem Fall bedeutet Aufrichtigkeit Selbsterkenntnis, und die ist nicht einfach. Wir alle tragen in dieser Beziehung Scheuklappen, wollen gar nicht so genau wissen, wie es in uns drinnen aussieht.

Wir haben Angst, es könnte zu unangenehm sein, was wir in uns finden; Angst auch davor, uns dann so klein und häßlich vorzukommen, daß wir unsere Ego-Behauptung einbüßen.

Es kann natürlich auch passieren, daß wir das Schlechte in uns sehen und vor lauter Minderwertigkeitskomplexen in ständiger Abwehr leben, aus Furcht, andere könnten uns darin bestärken und sie noch vermehren.

In Wirklichkeit sind wir weder vollkommen schlecht noch vollkommen gut; jeder hat beides in sich.

Das in sich selber zu sehen ist sehr wichtig, weil man dann erkennen kann, daß auch alle anderen Menschen beides in sich haben, daß jeder die Veranlagung hat, das Schlechte hervorkommen zu lassen, was wir einen „schlechten Menschen“ nennen, oder aber das Gute und er dann ein „guter Mensch“ für uns ist.

Wir haben alle Anstrengung zu leisten, die guten Seiten in uns zu stärken und die schlechten zu bekämpfen. Wir müssen unser Leben, nicht nur die Meditationszeit als den spirituellen Pfad ansehen.

Dazu brauchen wir

4. Willenskraft

Sie setzt die Einsicht voraus, daß uns nichts anderes helfen kann, als den inneren Weg zu gehen und sich selber in seinen Tendenzen und Instinkten zu bekämpfen. Der ganze Weg ist nämlich innen, in uns selber. Unsere Innenwelt ist die einzige wirkliche Welt, in der wir leben können. Für sie sind wir ganz allein verantwortlich. Mit genügend Willenskraft können wir unbeirrbar von allem werden, was außen um uns herum vor sich geht. Der Kriegsschauplatz ist innen. Wer das nicht erkennt, kann den spirituellen Pfad nicht gehen.

Das letzte Kampfesglied ist schließlich

5. Einsicht

Es ist interessant, daß der Buddha Einsicht ein Kampfesglied nennt; man muß sie sich erkämpfen, zumindest erarbeiten, sie kommt nicht von allein.

Unser *dukkha* kommt nur daher, daß wir nicht klar sehen. Klar sehen wir nur von der *Dhamma*-Warte aus. Von ihr schauen wir *immer* auf Unbeständigkeit, Leidhaftigkeit, Substanzlosigkeit und auf den Zusammenhang von Ursache und Wirkung.

VIII. Drei Pfeiler der Meditation

Der *Dhamma*, die Lehre des Buddha, besteht aus drei Teilen; sie heißen auf Pāli *sīla, samādhi* und *paññā. Sīla* ist das sittliche Verhalten, *samādhi* die Konzentration in der Meditation, *paññā* ist Weisheit, das heißt Klarblick/Einsicht.

Um wirklich einen spirituellen Pfad zu gehen und in ihm seine Sicherheit zu finden, kann man sich nicht das heraussuchen, was einem gefällt, zum Beispiel mit Begeisterung meditieren, aber von den Tugendregeln nichts wissen wollen. Diese Rechnung geht deshalb nicht auf, weil der gewöhnliche menschliche Geist, der auf die Instinkte aufgebaut ist, nicht meditieren kann. Die Sittenregeln zu befolgen ist eine notwendige Grundlage der Meditation. Sonst hätte man Reue, und mit Reue kann man nicht meditieren. Oder man zerbricht sich den Kopf, wie man diesem Teil der Lehre entgehen kann.

Die Meditation braucht *drei Pfeiler,* auf denen sie ruhen kann: Freigebigkeit/Großzügigkeit (*dāna*), sittliches Verhalten (*sīla*) und liebende Güte (*mettā*). Sie sind unsere Praxis im Alltag, vor allem dann, wenn uns gar nicht danach zumute ist.

1. Freigebigkeit/Großzügigkeit

Sie hat als Fundament, das *Ich* nicht immer in den Mittelpunkt zu stellen, es einmal zu vergessen. Es existiert ja nur das, worauf wir unsere Achtsamkeit lenken.

Da der spirituelle Pfad nichts weiter ist als ein Loslassen von der *Ich*bezogenheit, müssen wir es tagein, tagaus auch bei den kleinsten Dingen üben, wenn wir einmal zum Ziel kommen wollen, die *Ich*-Illusion ganz loszulassen. Die Reise von tausend Meilen fängt an mit dem ersten Schritt. Wir können immer nur einen Schritt auf einmal machen, können nicht unsere ganze Selbstbezogenheit und *Ich*-Illusion mit einem Schlag loswerden und auch nicht losdenken. Das wird häufig versucht, muß aber fehlschlagen. Wir können sie nur *loslassen.* Das ist eine Handlung, die sich ganz klar vom Denken zur Sprache, zur Aktion durcharbeitet.

Geben ist Loslassen.

Solange man an seinem Besitz anhaftet, ihn behalten oder gar vermehren will, ist die Bewußtseinsebene darin verfangen. Das heißt nun nicht, man solle sich bis aufs letzte Hemd entblößen. Man muß aber erkennen, daß das Weggeben von Dingen genauso wichtig ist wie das Loslassen von Gedanken in der Meditation.

Wenn wir lernen, von Gedanken loszulassen, weil wir meditieren wollen, von unseren Gefühlen loszulassen, weil wir nicht reagieren wollen, müssen wir auch lernen, von unseren Besitztümern loszulassen, damit wir nicht von ihnen so in Besitz genommen sind, daß wir am Ende nicht genügend Zeit und Energie für den spirituellen Pfad übrig haben. Vor allem aber unterstützen sie das Ego.

Beim Geben, seien es materielle Güter oder Zeit und Hilfsbereitschaft, ist es ganz klar, daß je mehr man hat, desto mehr man geben kann. Es ist erstaunlich, welch innere Reichtümer man findet, wenn man anfängt sie wegzugeben. Man wußte gar nicht, daß man sie hat.

Die Praxis des Gebens bringt nicht nur innere Freude hoch, sie macht uns auch klar, daß die Dinge einem nicht gehören, nur Manifestationen von materiellen Stoffen sind, und uns obendrein nicht fehlen – wir haben viel zuviel und brauchen nur ganz wenig.

Freigebig, großzügig sein hilft der Meditation, weil man ein gutes Gefühl in bezug auf sein Handeln hat. Man fühlt sich nicht beschämt vor seinem eigenen Gewissen, ist mit sich zufrieden. Sonst würden die Gedanken im Kopf herumkreisen, man käme nicht zur Ruhe.

Freigebigkeit muß eine Herzens-, nicht eine Denkaktion sein. Wenn das Herz sich zuwendet, funktioniert das Denken sowieso.

Es ist nicht so, daß man nun Gutes tun soll ohne zu wissen, wie und wo. Die Selbstbezogenheit, die man dabei verliert, öffnet unser Herz anderen Menschen und anderen Situationen, so daß Hilfsbereitschaft ganz selbstverständlich für uns wird und wir sie buchstäblich verbreiten.

Jeder hat nur eine begrenzte Ausstrahlung; wie weit sie reicht, hängt von seiner Reinheit ab. Aber auch eine begrenzte Ausstrahlung kann der Anfang immer weiterer Kreise sein.

So sind wir verbunden mit dem Guten und dem Frieden, der dieser Welt fehlt, den jeder von uns ersehnt, aber auch jeder von uns erarbeiten muß.

*Ich*bezogenheit ist der Grund für jeden Krieg, ob in der Familie, zwischen Freunden, im Beruf, auf dem Schlachtfeld. Frieden kommt vom Geben, vom Loslassen, vom Verzicht. Aus dem eigenen Herzen kommt die friedliche Ausstrahlung.

Man kann anderen aber nur helfen, wenn man sich in dieser Hinsicht schon selber geholfen hat. Dann aber soll man seine ganze Zeit dafür geben.

2. Sittliches Verhalten

Die Tugendregeln bilden die charakterliche Grundlage, die uns stärkt, die uns eine Zuflucht gibt zu unserer eigenen Reinheit. Wir wissen, wir können uns auf uns selber verlassen. Das gibt ein Gefühl großer Sicherheit.

Die fünf Tugendregeln, die der Buddha aufgestellt hat als Basis für ein harmonisches Leben, laufen darauf hinaus, anderen und uns selber kein *Leid* zuzufügen. Alle Lebewesen, uns eingeschlossen, haben auch so schon genug Leid. Wir sind nicht befugt, es in irgendeiner Weise zu vergrößern. Dazu gehört auch, keinen Beruf auszuüben, mit dem man sich selber oder anderen Lebewesen schadet.

Die fünf Tugendregeln lauten:

1. *Ich will mich darin üben, kein Lebewesen zu töten.*

Das heißt: Ich will mich bemühen, keinem Lebewesen etwas zuleide zu tun, sondern ihm mit liebender Güte und Mitgefühl zu begegnen.

2. *Ich will mich darin üben, nichts zu nehmen, was mir nicht gegeben wurde.*

Statt dessen will ich mich bemühen, soviel wie möglich zu geben.

3. *Ich will mich darin üben, keinen sexuellen Mißbrauch zu treiben,*

sondern meinem Partner Treue, liebende Güte und Mitgefühl entgegenzubringen.

4. *Ich will mich darin üben, nicht zu lügen,*

sondern mich um die *rechte Sprache* bemühen.

Nicht lügen schließt Not- und Höflichkeitslügen ein. Auch die kleinste Unwahrheit entspringt dem Wunsch des Ego zu gefallen. *Rechte Sprache* heißt ferner: weder über- noch untertreiben, keine grobe Sprache und Schimpfwörter benutzen, weder schmeicheln noch verleumden, kein Geschwätz.

Gerade beim Gebrauch der Sprache können wir in Betracht ziehen, daß alle Menschen *dukkha* haben, und ihnen mit *rechter Sprache* zu helfen suchen, indem wir ihnen einen Weg zeigen, auf dem ihre eigene innere Freude zum Ausdruck kommen kann. Dazu muß man den Weg natürlich selber gefunden haben.

Gerade weil wir im allgemeinen soviel – und zuviel! – reden, ist es wichtig zu lernen, wie man seine Sprache so benutzen kann, daß sie hilfreich für andere ist. Ehe man etwas sagt, sollte man ganz sicher sein, für den anderen nur liebende Güte und Mitgefühl zu empfinden.

Sprache ist ein Ausdruck unseres Denkens. Da wir das Denken läutern müssen, bleibt es der Sprache überlassen, es auszudrücken.

5. *Ich will mich darin üben, keinerlei berauschende Mittel (vor allem Alkohol und Drogen) zu mir zu nehmen.* Vielmehr will ich mich bemühen, durch Meditation den Geist zu klären und die Gefühle zu läutern.

Berauschende Mittel verwirren den Geist noch mehr als er sowieso schon ist, bedeuten Flucht statt Zuflucht.

3. Liebende Güte

Auch sie ist Geben, Weggeben, Sichhingeben. *Hingabe* erscheint mir besonders wichtig in einem Kulturkreis, wo sie nicht viel praktiziert wird. Ohne sie kann man nicht zu tiefer Einsicht und tiefer meditativer Erfahrung kommen. Man muß sich in der Meditation dem jeweiligen Meditationsobjekt vollkommen hingeben können.

Hingabe im Alltag bedeutet Liebe und Mitgefühl für andere, so daß der Gedanke daran, was man selber haben will, verschwindet. Liebe haben wollen ist sowieso absurd. Wenn man Liebe verspüren will, muß man selber lieben. Wer sich also ungeliebt fühlt, ist selber lieb-los. Es kommt nur auf das eigene Gefühl an.

Die spirituelle Praxis läuft darauf hinaus, die herkömmliche Art anhaftender Liebe umzuändern in vollkommen gebende, selbstlose, nichts erwartende Liebe. Das heißt, man muß das Herz immer und immer wieder reinigen, so daß es lieben lernt ohne den Wunsch, wiedergeliebt zu werden; ohne daß überhaupt etwas von außen zu geschehen hat, das die Liebe zum Erwachen bringen kann – sie ist im eigenen Herzen erwacht.

Da jeder Liebe in sich hat, ist es kein so großes Kunststück, sie zu verändern; man muß sich nur eingestehen, daß das nötig ist.

Mit anderen Worten: Wir müssen wieder einmal lernen *loszulassen,* das Anhaften aufzugeben (*mein* Mann, *meine* Frau/Kinder/Eltern, Freunde usw.), vor allem die Art zu denken, die dahintersteckt.

Loslassen vom Anhaften bedeutet nicht gleichgültig werden. Im Gegenteil, denn Liebe, die nichts verlangt, ist viel reiner und stärker und gibt dem anderen viel mehr. Das ist aber nicht der Grund dieser Praxis. Der Grund ist, frei zu werden vom *Ich.* Es gibt im Leben nichts Wichtigeres als diese Arbeit an sich selber. An sich selber arbeiten ist der Weg der Selbsterziehung, ist der Weg des Buddha.

Erziehung muß mit Liebe verknüpft sein und, dank Achtsamkeit, mit Erkennen, nicht aber mit Kritik. Kritik ist etwas Negatives und Herunterziehendes.

Liebende-Güte-Meditation allein genügt nicht; sie muß gepaart sein mit liebevoll gütigen Worten und Handlungen, um dem Gefühl wirklich Ausdruck zu geben.

Vielen fällt es schwer, einem anderen Menschen zu sagen: „Ich liebe dich. Ich bin glücklich, daß du hier bist. Ich wäre traurig, wenn du nicht gekommen wärest." Oder was immer gerade paßt.

Warum trauen wir uns das nicht? Aus Furcht, der andere denke und fühle nicht so? Wer hat dabei denn etwas zu verlieren? Doch nicht derjenige, der liebevolle Worte ausspricht, sondern derjenige, der nichts fühlt. Wer es fühlt, soll es auch sagen. Selbst wenn das Gefühl noch gar nicht völlig klar ist – äußere es trotzdem, denn es zeigt, daß du mutig genug warst, dich zu öffnen. Auch wenn der andere ganz und gar nicht offen ist, kommt einem selber die liebevolle Handlung voll Zutrauen und Vertrauen zugute. Ob der andere sich darüber freut oder gar Dankbarkeit zeigt, darf uns dabei nicht bekümmern.

Sich öffnen und dem anderen gegenüberstehen, als stünde man sich selber gegenüber, ist der einzige Weg, liebende Güte wirklich zu praktizieren.

Liebe-voll, voll Liebe sein ist das größte Glück, das einem je widerfahren kann. Denn es bringt das Herz zu Klarheit, die Emotionen zu Gleichmut, das Innenleben zu Frieden und Harmonie. Es gibt kein größeres Glück im Leben, als dieses Licht im Herzen zu entzünden. Jeder wird vielleicht seinen eigenen kleinen Weg finden, wie es immer heller und heller erstrahlen kann.

Zu spüren, daß man selbstlos einen Menschen liebt, ihm sein Herz geöffnet hat, obwohl er nicht *mein* ... ist, sondern irgend jemand, der wie jeder *dukkha* hat, ist ein Moment inneren Glücks und inneren Friedens. Man ist davon so erfüllt, daß man ganz sicher weiß, diesen Pfad verfolgen zu wollen.

Freigebigkeit, Tugendregeln und *liebende Güte* sind also gegründet auf *Ich*losigkeit und *dukkha.* Wenn wir sie praktizieren, sind wir auf einem Pfad, der uns nur in die Höhe führen kann, nämlich auf eine Bewußtseinsebene, wo die Welt für uns zwar existiert, uns aber nichts anhaben kann. Vielmehr geben wir ihr Gutes. Das dürfte wohl ein annehmbarer Lebenszweck sein.

Fragen und Antworten

F: Wenn wir die fünf Tugendregeln als Grundlage dafür nehmen, was heilsam und was unheilsam ist: Ist es nicht erschreckend, daß wir in einer Kultur leben, in der es selbstverständlich ist, Alkohol zu trinken?

A: Ich glaube nicht, daß unsere Zeit in irgendeiner Weise anders aussieht als die Zeit des Buddha. Sonst hätte er nicht diese fünf Tugendregeln formuliert. Wir sind nicht in einer schlechteren Lage als die Menschen damals. Natürlich sind die fünf Tugendregeln unsere Richtlinien und sollte jeder versuchen sie einzuhalten. Man muß aber nicht glauben, wer mal ein Schlückchen Alkohol trinkt oder eine Ameise aus der Küche rausschmeißt und sie dabei tötet, könne nicht ein guter Mensch sein.

Worauf es ankommt, sind die Furchen, die man in den Geist eingräbt, wenn man gewohnheitsmäßig trinkt und sich gar betrinkt und das Töten von Tieren nicht verabscheut, sondern für selbstverständlich hält und einfach tut. Das ist dann so tief in den Geist eingefurcht, daß er für den menschlichen Bereich nicht mehr hinreicht.

F: Das meine ich auch nicht. Ich meine nur die allgemeine Akzeptanz in unserem westlichen Kulturkreis; daß Tiere schlachten und Alkohol einfach dazugehört und keiner darüber nachdenkt.

A: Ja natürlich. In Indien leben soweit ich weiß 800 Millionen Menschen, die meisten von ihnen sind Vegetarier. Und nur westlich angehauchte Inder, die auch in westlicher Kleidung herumlaufen, mögen vielleicht Alkohol trinken, sonst ist das nicht sehr verbreitet. Das heißt aber nicht, alle Inder seien deshalb bessere Menschen.

F: Muß ein Buddhist Vegetarier sein? Viele essen ja Fleisch und sagen, solange sie das Tier nicht selber töten, sei das in Ordnung. Der Schlächter mache sein eigenes *Karma.*

A: Der Buddha hat darüber Laien überhaupt keine Vorschriften gemacht. Mönche und Nonnen müssen annehmen, was ihnen gegeben wird, es sei denn, es besteht Verdacht oder sie wissen gar, daß das Tier eigens für sie getötet wurde.

F: Wenn ich Fleisch einkaufe, ist es eine Entscheidung für ein getötetes Tier.
A: Es ist deine persönliche Entscheidung, keine buddhistische. Wer tote Tiere essen will, soll es wohl tun.

F: Bezieht sich Gewaltausübung nur auf Mensch und Tier oder auch auf sogenanntes „Unkraut" ausrupfen?
A: Wenn du beim Jäten Aggression empfindest, tu es besser nicht. Andernfalls ist es eine Arbeit wie andere auch. Dann müßte man konsequenterweise auch aufhören, Kohl und Salat zu essen.
F: Ich habe Schwierigkeiten mit der Einteilung, was gut und was schlecht ist. Zum Beispiel tut jemand vielleicht nicht aus Absicht Schlechtes, sondern aus Unverstand.
A: Menschen tun durchaus absichtlich Schlechtes. Sie können einfach nicht anders. Sie wissen gar nicht, daß sie in derselben Lage auch das Gute hätten tun können. Zum Glück gibt es viele Menschen, die sich schon entwickelt haben und wirklich absichtlich nichts Schlechtes tun wollen, aber durch ihre Verblendung, das heißt den Mangel an Weisheit, unterläuft auch ihnen Schlechtes.

F: Wenn man sein *Karma* mitbringt: hat man dann auch so etwas wie eine Aufgabe oder einen Auftrag?
A: Es gibt eigentlich nur einen Auftrag, nämlich zu *Nibbāna* zu kommen. Was man unterwegs alles anstellt, ist eine Erkenntnisfrage. Je mehr Erkenntnis man hat, desto weniger Dummheiten macht man. Das *Karma*, das man mitgebracht hat, zeigt einem – manchmal, nicht immer – ganz deutlich, woran es fehlt, welche Lektion man zu lernen hat. Man tut so

viel gegen seinen Willen: Man will lieben, haßt aber. Man will andere Menschen glücklich machen, aber sie werden immer unglücklicher.

So mit sich umzugehen ist sehr hilfreich, weil man daran sehr häufig erkennen kann, was man noch nicht im Griff hat, und es ändern kann.

F: Diese Frage beschäftigt mich auch, weil ich nicht nur die Aufgabe sehe, aus *Saṁsāra* herauszukommen, sondern auch in der Welt eine Aufgabe habe.
A: Ja natürlich. Der Buddha hat es nach seiner Erleuchtung als seine Aufgabe in der Welt angesehen, fünfundvierzig Jahre lang zu lehren, wie die Krankheit des Geistes, an der alle Menschen leiden, zu heilen ist.

Wenn wir das Gute tun, bahnen wir uns unseren Weg zu *Nibbāna*, wenn wir das Schlechte tun, verschütten wir uns diesen Weg.

F: Wieweit Gutes tun mit dem Beruf zusammenhängt, ist mir noch nicht ganz klar. Ich halte die Arbeit, die ich mache, nämlich Tische, Stühle, Schränke bauen, insofern für gut für die Menschen, weil sie Möbel brauchen. Oder wäre es besser, alles zu verschenken und zum Beispiel Krankenschwester zu werden? Gibt es da Stufen? Ich frage mich manchmal, ob ich meinen Beruf weiterverfolgen oder in eine andere Richtung gehen soll.
A: Es gibt natürlich einige Berufe, die nicht wünschenswert sind, das wissen wir ja. Sonst aber kommt es nur noch darauf an, wie man es tut, nicht mehr, was man tut. Man kann auch als Straßenfeger genauso hilfreich für andere sein, wenn man sich Helfen zur Aufgabe gemacht hat.

IX. Läuterung von Haß, Gier und Verblendung

Jeder Mensch kommt mit *sechs Wurzeln* auf die Welt; drei des Guten: liebende Güte, Freigebigkeit und Weisheit, drei des Bösen: Haß, Gier und Verblendung.
Haß und Gier gründen in der Verblendung.

Wer sich auf einen spirituellen Pfad begeben hat, wird durch ständige Arbeit an sich selber seine Negativitäten zu erkennen und zum Guten zu verwandeln suchen und sein Herz läutern. Manche haben damit mehr zu tun als andere, das sind karmische Resultate, daran ist nichts zu ändern.

Ich habe davon gesprochen, daß die *meditativen Vertiefungen* eine Läuterung des Geistes einerseits voraussetzen und andererseits bewirken, weil wir, wenn wir Freude, Zufriedenheit, Frieden, Unendlichkeit und Leere erleben, unmöglich hassen, begehren, zweifeln, uns sorgen können. Nur ein freier Geist kann in die Vertiefungen verfallen. Zwar sind die *Hindernisse*, wie diese Unreinheiten, dieses Unkraut genannt werden, nicht entwurzelt, aber so niedergehalten, daß sie viel leichter zu entwurzeln sind. Das Verständnis für die Wahrheit wächst umso besser, je weniger Unkraut uns die Sicht benimmt. Wenn man sich seinen Emotionen hingibt, sieht man nichts anderes mehr. Man weiß kaum, worum es sich eigentlich handelt.

Man muß ein starkes Verständnis dafür entwickeln, daß man auf dieses Unkraut im Herzen ununterbrochen scharf aufzupassen hat. Wer einen spirituellen Pfad ernsthaft praktiziert, weiß aus eigener Erfahrung, daß andernfalls ein Unheil geschieht.

Fällt man von der untersten Sprosse einer Leiter, tut man sich nicht weh. Hat man aber schon die zehnte oder zwanzigste erklommen und fällt dann herunter, kann man sich den Hals brechen.

Wer also schon jahrelang meditiert und dann Unsinn macht, kann sich sehr weh tun. Früher hätte er es vielleicht nicht einmal gespürt.

Man muß gut auf sich aufpassen, um diesen Prozeß der Läuterung so einzuleiten und fortzuführen, daß die Meditation die Früchte tragen kann, die *Freiheit* bedeuten; Freiheit von allem, was uns je bedrückt hat.

1. Haß

Die großen Geschehnisse im Leben sind selten. Wir verlieben uns nur ein paarmal und empfinden auch nur wenige Male im Leben abgrundtiefen Haß. Zu *Haß* gehört aber jede Form der Ablehnung, zum Beispiel auch einer Ideologie oder Lebensweise. „Die essen ja Fleisch! Was sind das bloß für Menschen?" All das schürt den Haß, fängt an mit Absonderung und hört auf mit Mord. Es fängt an mit „die essen ja das Falsche".

In Indien sind drei Millionen Menschen umgekommen, die sich gegenseitig angeschrien haben „Du bist ein Kuh-Esser!" und „Du bist ein Schwein-Esser!" Die Muslims verurteilen, daß die Hindus Schweine essen, und die Hindus verurteilen, daß die Muslims Kühe schlachten. Wir brauchen nicht bis nach Indien zu gehen, wir können solchen Wahnsinn auch hierzulande finden.

Haß ist das passende Etikett für alle kleinen, mittleren und großen Emotionen und Gedankengebilde, die sich gegen etwas stellen; z.B. nicht mögen, Mißfallen, Ärger, Eifersucht, Furcht, Angst, Widerwille; auch Trauer, denn man kann ja nur um etwas trauern, das einem nicht gefällt, sonst würde man sich freuen.

Dieser Widerstand tut weh, und zwar uns selber. Wenn wir alles akzeptieren, wie es ist, und als eine Lehre ansehen, wachsen wir. Das setzt ständige Selbstbeobachtung voraus. Vielleicht sagt ihr nun, dann könne man ja gar nicht mehr spontan handeln und sprechen. Es ist umgekehrt: Gerade derjenige, der beobachtet, was er denkt, spricht und tut, kann spontan aus der inneren Fülle und Reinheit reagieren. Wer sich nicht beobachtet, wird ständig danebengreifen.

Prüft bei jeder kleinsten Gelegenheit eure Reaktion. Zum Beispiel wenn es regnet, ihr aber mit Sonne gerechnet hattet; euer Partner Stunden später als sonst nach Hause kommt; ein erwarteter Brief nicht eintrifft; die Kinder nicht das studieren wollen, was sie studieren sollten. Gebt dem Unkraut keine Chance, zu sprießen und zu gedeihen. Entwurzelt wird es erst durch Einsicht; Klarblick ist der Spaten, den man dazu braucht. Aber je niederer es gehalten ist, desto einfacher läßt es sich jäten.

Der Haß, den wir in uns haben, muß erstens erkannt und dann mit Liebe und Gleichmut bearbeitet werden. Wir müssen zu der Einsicht gekommen sein, uns mit negativen Reaktionen nur selber zu schaden.

Wie seltsam auch immer uns andere Menschen vorkommen, was für wahnwitzige Sachen sie machen, wie auch immer sie uns gegenübertreten, das alles ist nur Ausdruck ihres *dukkha*. Manche glauben, sie könnten ihr *dukkha* loswerden, indem sie anderen *dukkha* zufügen. Das ist schiere Verblendung. Es gibt nur eine richtige Reaktion: Mitgefühl.

Achtsamkeit ist unser Allheilmittel. Wenn es ein anderer an Achtsamkeit fehlen läßt und er seine Emotionen nicht zu steuern vermag, ist das kein Grund, ihn zu hassen. Es gibt überhaupt keinen Grund für Haß. Der Buddha hat gesagt:

„Haß wird niemals von Haß überwunden, nur von Liebe."

Das Licht der Liebe ist unsere wirksamste Waffe. Leider zünden wir es im allgemeinen nur an, wenn wir glauben, es lohne sich. Wir sind reichlich kommerziell eingestellt und vergessen dabei, daß es sich immer lohnt, weil das Licht in unserem Herzen uns ja selber erleuchtet. Das ist die größte Hilfe und die größte Gabe, die wir je erlangen können.

Wenn man sich daran oft genug erinnert, geht innen etwas vor, bewegt es sich wie eine Schicht, wie eine Plastikfolie, die sich ablöst. Manche Menschen haben sogar das Gefühl, als verschwinde eine Beton- oder Holzwand oder falle ein Ledergürtel von ihnen ab.

Da die Hindernisse sehr tief in uns verwurzelt sind, bedeutet Läuterung einen ständigen Arbeitsprozeß, der durch die Meditation, besonders die Vertiefungen, erleichtert wird.

2. Gier

Gier, der Gegenpol zu Haß, ist *Haben- und Behaltenwollen.* Das Wort „Habgier" trifft den Nagel auf den Kopf.

Habenwollen ist ein Zeichen dafür, daß wir innen nicht ganz erfüllt sind, ein Loch in uns verspüren. Das kann aber niemals von außen zugeschüttet werden, nur von innen.

Und behalten können wir ohnehin nichts. Das einzige, was wir bei unserem Tod mitnehmen, ist *Karma*, karmische Resultate, die sich im Geist eingebettet haben. Wir sollten also versuchen, gute mitzunehmen.

Gier muß nicht so riesige Formen annehmen, daß man Reichtümer anhäufen will. Viele sind über ihre ganz großen materiellen Wünsche schon hinaus, aus dem einfachen Grund, weil sie sie schon erfüllt bekommen haben und bereits wissen, daß es nichts nützt.

Gier zeigt sich auch in ganz anderer Weise, sehr subtil,

und darauf müssen wir aufpassen. Denn auch all die kleinen Begierden, wie zum Beispiel Schönes und Gutes sehen, hören, schmecken, riechen, berühren wollen, machen den Gedankenapparat zu einem, der Begierde in sich hat. Geht es dann einmal um ein großes Objekt, ist die Gier einem ganz selbstverständlich zur Hand.

Wir müssen also unser ständiges Wünschen, Haben- und Behaltenwollen erkennen und mit allem Eifer dagegenarbeiten, damit es nicht so eine selbstverständliche Reaktion ist. Die Schwierigkeiten, die die meisten Menschen im Leben haben, kommen gerade aus dem Zugang zu ihren eigenen Begierden; zum Beispiel, wenn sie plötzlich einen anderen Menschen unbedingt haben wollen, was sowieso ein Unding ist.

Mit Gier reagieren wir auf angenehme, mit Haß auf unangenehme Gefühle. Beides gehört zusammen. Aber die Gefühle mit der Reaktion Gier sind uns im allgemeinen viel angenehmer, weil wir sie sehr oft leicht befriedigen können und dann erst einmal zufrieden sind, so daß die Menschen, die mehr von Gier überflutet werden, ein scheinbar angenehmeres Leben haben. Sie merken gar nicht, daß Gier ebenso schädlich ist wie Haß. Man kommt mit diesen Menschen allerdings leichter zu Rande.

Viel schwieriger ist mit denen zu leben, die voll Haß und Widerwillen sind.

Deshalb sagen alle Meditationsmeister, daß die Menschen, die Haß in sich haben, viel leichter zu lehren sind, sie wollen ihren Haß ja loswerden, und sind insofern im Vorteil, als sie gern an sich arbeiten. Viel schwieriger ist denen etwas beizubringen, die viel Gier in sich haben, sie fühlen sich wohl dabei.

Haß empfindet jeder als unangenehm.

Der Gier hingegen sind überall die Wege gebahnt; jede Werbung legt es darauf an, sie zu schüren.

Das Gegenmittel zu Gier ist Großzügigkeit.

Als Meditierende haben wir die Chance, uns zu ändern. Wenn wir den Haß fallenlassen, fällt die Gier gleich mit, in gleichem Maße.

3. Verblendung

Der Läuterungsprozeß ist also eine ständige Arbeit. Man kann damit nicht auf den nächsten Meditationskurs warten und nicht auf den Sonntag; jeder einzelne Augenblick ist der richtige, die drei Unkräuter, die uns das Leben vergällen, auszurotten. Das ist einfach gesagt, aber es gehört viel dazu. Erst einmal muß man sie erkennen. Durch unsere Verblendung ist das aber schwer.

Verblendung bedeutet in des Buddha Sinn nur eines: unseren Glauben an ein *Ich*. Die *Ich*-Illusion ist unsere einzige Verblendung.

Sie beruht darauf, daß wir an den *fünf Daseinsgruppen*[1] anhaften. Sie ist so gewaltig, daß sie Haß und Gier Tür und Tor öffnet. Ohne ein *Ich* ist es ja unmöglich und außerdem unnötig, irgend etwas haben, behalten oder loswerden zu wollen. Denn da ist nichts weiter als Körper und Geist, ein Phänomen, ein Prozeß, der erschienen ist und wieder vergehen wird.

Verblendung, deren Gegenstück Weisheit ist, kann nur durch Klarblick ausgemerzt werden. Da Klarblick aber auf Läuterung beruht, müssen wir woanders ansetzen. Wir kön-

[1] 1. Körper
2. Gefühl
3. Wahrnehmung
4. Gedanken
5. Sinnesbewußtsein.
Die Gruppen zwei bis fünf werden unter der Bezeichnung *Geist* zusammengefaßt.

nen ja nicht einfach intellektuell beschließen, fortan nicht mehr an das *Ich* zu glauben. Man muß es fühlen, und Fühlen kommt nicht aus der Vernunft, sondern aus der Läuterung. Unsere Gedanken müssen sich also auf die Läuterung von Haß und Gier beziehen.

Der Buddha hat auf vier Fragen nicht geantwortet, die er oft gefragt wurde und die auch heute noch oft gestellt werden. Nicht etwa, weil er die Antwort nicht gewußt hätte, sondern unser unerleuchteter Geist wäre nicht imstande, sie zu verkraften.

Diese vier Fragen sind: Erstens die Verzwickung des *Karma*; zweitens der Beginn des Universums; drittens die Reichweite eines Menschen, der in den meditativen Vertiefungen ist, und viertens schließlich die Reichweite eines Buddha, die unermeßlich ist.

Diesen guten Vibrationen ist es meiner persönlichen Ansicht nach zu verdanken, daß unsere Welt weiterbesteht. Es gibt immer wieder Menschen, die den Ausgleich schaffen zu all dem Bösen in der Welt. Wir läutern uns also nicht nur für uns selber. Manchmal kann es einem ja schon so vorkommen, als sei diese Arbeit zu mühselig, und man zweifelt vielleicht an ihrem Nutzen.

Wer aber verantwortungsbewußt ist und ehrlich mit sich selber umgeht, wird sich unbeirrbar um seine Läuterung bemühen.

Fragen und Antworten

F: Wenn es überall diese Gegensätze gibt, dann gibt es sie doch auch in mir. Ich frage mich, wenn ich mich jetzt um Liebe und Güte bemühe, was dann mit den Gegensätzen in mir passiert.
A: Mit dem Haß? Wenn Liebe in Passion umschlägt, bleibt der Haß genauso wie er war. Aber wenn Liebe in das

Gleichmaß kommt, das der Buddha gemeint hat, gleicht sie den Haß aus.

F: Dann ist Liebe in diesem Sinne eigentlich nur Gleichmut?

A: Nein. Sie hat Gleichmut in sich, ist aber Wohlwollen, Freundschaft, Mitgefühl, Hilfsbereitschaft, den anderen anerkennen, aber nicht haben wollen.

X. Die fünf edlen Mächte/Kräfte

Wer fühlen und denken kann, was er will, immer wenn er es will, ist erleuchtet. Er läßt sich nicht von unangenehmen Gefühlen zum Widerstand und von angenehmen zum Anhaften hinreißen. Er denkt so, wie es am heilsamsten ist.

Das heißt, er verfügt über die *fünf edlen Mächte/Kräfte.* Auf Pāli heißen sie *iddhi*, auf Sanskrit *siddhi.*

Noch heutzutage bezeichnet *siddhi* in Indien magische Kräfte, wie zum Beispiel fünf Zentimeter über dem Erdboden schweben, in die Zukunft schauen und dergleichen. Der Buddha hat davon nicht viel gehalten. Zu wirklich *edlen Kräften* hat er fünf ganz andere erklärt:

1. In etwas, das uns unangenehm erscheint, das Angenehme erkennen.

Also ständig eine Balance schaffen, nie in Extreme fallen wie Haß, Abwehr, Widerstand, Wut, Ärger auf der einen und alle Formen von Begierde und Anhaften auf der anderen Seite.

Wir müssen in allem, was uns nicht gefällt, auch das finden können, was uns gefällt. Das gilt natürlich vor allem für unseren Umgang mit Menschen, bezieht sich aber auch auf Kleinigkeiten. Denn auch kleine Abneigungen, zum Beispiel gegenüber dem Wetter, einem neuen Gesetz, irgendwelchen außerhalb von uns liegenden Dingen, sind ein Zeichen von Abwehr in uns. Das bedeutet nicht, wir dürften Fehler nicht erkennen. Wenn wir in der Lage sind, sie zu korrigieren, sollen wir es tun.

Aber Ablehnung ist immer mit Haß verbunden, und auf Haß folgt noch mehr Haß. Um etwas zu ändern, braucht man es nicht zu hassen.

Wenn wir mit allem Ernst den spirituellen Pfad gehen, verändern wir uns innerlich so tiefgreifend, daß es gar nicht mehr nötig ist, daran zu denken, draußen etwas zu verändern. Es verändert sich dadurch, daß wir verändert sind, von selber.

Des Buddha Erleuchtung hat damals viele Menschen verändert, auch die politischen Ereignisse um ihn herum; einmal konnte er einen Krieg verhindern. Diese Erleuchtungsenergie ist auch heute noch wirksam und spürbar, wie ich selber erfahren durfte. Im Anschluß an eine Internationale Buddhistische Nonnenkonferenz 1987 in Indien nahm ich an einer Pilgerfahrt zu den heiligen Stätten des Buddhismus teil, zusammen mit rund achtzig Menschen aus ungefähr zwanzig Nationen. Wir haben die Stätten besucht, wo der Buddha geboren wurde, wo er Erleuchtung erfahren hat, den Ort seiner ersten Lehrrede, ferner den berühmten „Geiergipfel" in Rājgir (Rājagaha), wo er viele Lehrreden gehalten hat, und schließlich Kusināra, wo er gestorben ist und eingeäschert wurde. Es sind noch Reste des Stūpa erhalten, der über der Verbrennungsstelle errichtet worden war. Die Energie dort war derartig stark, daß sich alle achtzig Pilger spontan niedersetzten und anfingen zu meditieren. Hinterher bestätigten sie einmütig, daß sie sich sofort konzentrieren konnten, auch die ungefähr dreißig unter ihnen, die noch nie meditiert hatten.

Wir umkreisten diesen Stūpa – die traditionelle Art, Ehrfurcht zu bezeugen –, und an einer bestimmten Stelle nahm ich den Geruch von Sandelholz wahr. Es hatte aber niemand Räucherstäbchen angezündet. Mindestens zwanzig andere Teilnehmer rochen gleichfalls Sandelholz. Der Leichnam des Buddha ist auf einem Holzstoß aus Sandelholz eingeäschert worden, wie es hochstehenden Persönlichkeiten damals zukam – vor zweieinhalbtausend Jahren.

Bei jedem Schritt verspürten wir eine Kraft im Erdboden, die ich nicht anders bezeichnen kann als jene Energie, die uns zu der Stelle hingezogen und alle abschweifenden Gedanken von uns genommen hatte.

Es war ein großes Erlebnis, das bestätigt, daß jeder von uns Energie ausstrahlt, schwach, mittel oder stark. Je mehr wir uns also läutern und uns einen spirituellen Weg bahnen, desto beglückender ist es auch für unser Umfeld.

Sich die erste *edle Kraft* anzueignen ist unvergleichlich wichtiger als magische Kräfte, die jedoch vielfach hoch im Kurs stehen.

2. Im angenehm Erscheinenden das Unangenehme sehen.

Wenn wir etwas haben wollen, können wir beobachten, wie schon das Begehren selber Unruhe bringt („wo kann ich's bekommen, wann hab ich Zeit dafür, wieviel mag das kosten" usw.). Habenwollen ist immer verknüpft mit Zeit- und Energieaufwand, um nicht zu sagen -verschwendung, Unruhe im Herzen und Verstrickung ins Weltliche. Wenn man sich vom Weltlichen abwendet, gibt man noch nicht alle angenehmen Sinneskontakte auf. Aber man macht keinerlei Anstrengungen mehr, sie zu bekommen. Was da ist, ist da; wie es ist, ist es eben. Das ist die Lehre, die der Buddha uns geben will: Wir sollen erkennen, daß wir auf einer Wippe sitzen – ein ewiges Rauf und Runter, zwischen Begehren und Ablehnen.

In allem, was wir begehren, können wir die Unbeständigkeit sehen und daß alles aus Teilen zusammengesetzt ist, die für sich allein nicht lohnen, begehrt zu werden. Und daß wir ferner, sobald ein Wunsch erfüllt ist, schon den neuen ausbrüten. Wenn wir uns soweit kennen, können wir Wünsche fallenlassen.

Die nächsten beiden *edlen Kräfte* sehen ganz ähnlich aus:

3. Im Angenehmen das Angenehme und das Unangenehme sehen.

4. Im Unangenehmen das Unangenehme und das Angenehme sehen.

Man sieht also in allem, womit man in Berührung kommt, seien es Menschen, Dinge oder Situationen, beide Seiten. Wenn uns das glückt, werden wir nicht von Gier oder Haß überrannt.

Die *edlen Kräfte* zu praktizieren ist nicht so schwierig, wenn man eingesehen hat, daß man anders nicht zu innerer Ruhe kommt, zu einer Ruhe, die klar und deutlich ist und nicht vernebelt. Wenn wir in der Meditation zu Ruhe und Frieden kommen wollen, müssen wir uns auch im Alltag darum bemühen, indem wir nämlich die *edlen Kräfte* und Gleichmut praktizieren. Das ist mit Vernunft und Selbstbeobachtung zu schaffen; dazu brauchen wir keine überweltlichen Kräfte.

Wenn es uns gelingt, ist es allerdings eine überweltliche Kraft:

5. Im Angenehmen wie im Unangenehmen beides sehen.

Die fünfte *edle Kraft* ist die, die den Erfolg gehabt hat. Wer über sie verfügt, braucht sich nicht mehr darum zu bemühen, im Angenehmen wie Unangenehmen beides zu sehen. Seine Gefühle zwingen ihn überhaupt nicht mehr zu einer Reaktion. Das ist der Erleuchtete, der vollkommen Gleichmütige.

„Obwohl er von weltlichen Umständen berührt wird, wird sein Geist niemals wanken."

Das heißt nicht, ein Erleuchteter verneint die Welt oder sieht sie nicht mehr. Er wird von weltlichen Umständen berührt, aber er hat weder Abneigungen noch Vorlieben, die angenehmen und die unangenehmen Gefühle sind gleichermaßen willkommen.

Die Praxis der *fünf edlen Mächte* ist eine Praxis im Alltag. Erlebt zu haben, daß der meditative Gemütszustand anders ist als der alltägliche, ist ein Ansporn, sich in ihnen zu üben.

Wer im Positiven wie im Negativen beides sehen kann, ist damit zufrieden, wer, wo, wie er ist. Das bedeutet nicht, daß er sich nicht verbessern könnte. Aber auch damit ist er zufrieden. Was auch immer geschieht – er ist es zufrieden.

Das ist eine *edle Kraft*, über die nur wenige verfügen.

XI. Ratschläge für die Praxis im Alltag

Ein Meditationskurs ist eine Zeit, in der man aus dem gewöhnlichen Leben herausgenommen ist und ganz anders erlebt. Es ist nicht einfach, das in den Alltag mitzunehmen. Es ist, als kehre man in einen Strom zurück. Ob reißend oder gemächlich, auf jeden Fall fließt er. Wer nicht auf der Hut ist, wird mitgerissen. Denn in diesem Strom treiben die anderen Menschen und all die Geschehnisse und Versuchungen. Nur wenige wohnen abseits, an einsamen, ruhigen Plätzen. Die meisten von euch leben wahrscheinlich mittendrin.

Es ist natürlich schwierig, stromaufwärts zu schwimmen. Immer wieder sausen andere mit der Strömung an einem vorbei und schütteln den Kopf: „Was für ein Narr! Der versucht stromaufwärts zu schwimmen!" Da mögen einem, wenn man nicht achtsam ist, Zweifel an der eigenen Richtung kommen. Man muß aufpassen, daß man nicht wieder verliert, was man im Meditationskurs in sich selber erleben konnte.

Ihr kommt nun zurück in dieses hektische Durcheinander und die Bewegung, die dort herrscht – die Autos rasen, die Leute hasten und machen nicht nur ernste, sondern meist auch unglückliche Gesichter, alles ist voll Verführungen der Sinne. Was in einem einzigen Kaufhaus zu sehen ist, ist mehr, als man in einem ganzen Leben je gebrauchen könnte. Aber jedermann ist so geschäftig, als wäre das alles sehr wichtig. Vielleicht haltet ihr es nach einiger Zeit auch wieder für wichtig.

Anfangs wird euch diese wilde Bewegung vielleicht befremden, und ihr werdet euch fragen, „wozu die Eile? Wo laufen die denn alle hin? Das kann doch nicht so dringend sein“. Ihr seht euch die Schaufenster an und denkt: „Was für ein Glück, daß ich das alles nicht brauche!“ – und nach einer Weile kommt es euch wieder ganz normal vor.

Ihr merkt gar nicht, daß ihr wieder in den Strom hineingerissen wurdet und mitschwimmt. Ab und zu kommen euch vielleicht Zweifel, aber da ihr so beschäftigt seid und so viele Menschen in dem Strom herumschwimmen und etwas von euch wollen, habt ihr gar keine Zeit, das weiter zu beobachten.

Wenn der Verdacht hochkommt, daß da etwas nicht stimmen kann, ist es höchste Zeit, wieder zu einem Meditationskurs zu gehen und die Perspektive zu erneuern – nämlich die innere Perspektive zu den äußeren Geschehnissen, die auf euch zukommen.

Nicht daß ihr nun Beruf, Besitz und Familie aufgeben solltet; ihr dürft nur den Maßstab nicht verlieren für das, was wichtig und was unwichtig ist.

Das beste ist, sich nicht im Alltag zu Hause zu fühlen, sondern in den meditativen Erlebnissen, und in den Alltag nur auf Besuch zu gehen. Als Besucher läßt man sich nämlich nicht so in alles hineinziehen. Man braucht sich um nichts zu kümmern und kann nach Hause gehen, wenn man genug hat. Wenn man als Gast in den Alltag geht, ist es einem nicht so wichtig, was dort geschieht. Es ist ja außerdem tatsächlich so, daß wir nur zu Gast sind – sechzig, vierzig, achtzig Jahre, wie lange auch immer. Wir müssen unseren Alltag nicht so todernst nehmen. Er ist auch viel leichter zu ertragen, wenn wir wissen, daß Meditation und *Dhamma*-Kontemplation unser wirkliches Heim und wir eigentlich ein Bewohner des

Universums sind. Es kommt nur darauf an, wohin wir unser Bewußtsein schicken.

Was wir in einem Meditationskurs an Klarblick gewonnen haben, müssen wir in unseren Alltag mitnehmen und ihn so gestalten können, daß auch er uns mehr und mehr zum Klarblick verhilft. Es hat keinen Sinn, Konzentration und Klarblick auf zehn oder zwanzig Tage im Jahr zu richten und die restliche Zeit immer wieder in dieselben Fallen zu gehen, die uns die Versuchungen stellen.

Nicht nur in der Meditation und Kontemplation sind gewonnene Einsichten wieder hochzubringen, neu zu erkennen und zu vertiefen, sondern jederzeit auch im Alltag, zum Beispiel auf einem Spaziergang. Man muß sich nur daran erinnern.

Versucht ferner, jede Einsicht, die euch beim Meditieren kommt, in eine Alltagssituation zu übertragen. Zum Beispiel wenn ihr in der Meditation erkannt habt, daß ihr rasch mit Widerwillen reagiert, sobald etwas nicht nach euren Wünschen geht. Stellt euch sofort Situationen vor, wo euch das zu passieren pflegt, und entschließt euch zu neuen Verhaltensmustern.

Wenn ihr also merkt, wie ihr langsam wieder in den Strudel hineingleitet, hilft weiter nichts als *Achtsamkeit.*

Achtsamkeit ist die Praxis im Alltag. Und der Alltag ist der Platz zum Praktizieren, Meditation ist nur das Training. Es muß mit einer ganz starken Achtsamkeit auf einen selber verbunden sein. Das ist einfach zu verstehen und nicht so einfach zu praktizieren, aber Verstehen ist die notwendige Basis, überhaupt praktizieren zu wollen. Wenn man nicht weiß, wozu und wie, kommt nicht viel dabei heraus.

Mit Achtsamkeit fahren wir auf einer geraden Lebensstraße statt holprig über Berg und Tal, auf Kopfpflaster und um winkelige Ecken. Manchmal fühlt es sich wirklich so an, als ginge das Leben andauernd um scharfe Kurven. Es liegt aber nur an uns selber. Nicht die Situationen, die uns im Leben zukommen, sind daran schuld, sondern unsere fehlende Praxis in Achtsamkeit.

In ihr müssen wir uns üben. Am Anfang ist das ohne Frage anstrengend. Man muß sich konzentrieren, die meisten Menschen wollen sich aber lieber, wie sie es nennen, „entspannen". Wenn man eifrig genug übt, bleibt die in der Meditation erreichte Konzentration als Achtsamkeit bestehen.

Sie ist nach innen gerichtet auf die Gedanken und auf deren Resultate in Worten und Handlungen.

Die mit Achtsamkeit stets gepaarte *Wissensklarheit* zeigt uns,

1. welchen Zweck wir verfolgen,
2. ob wir dazu das beste Mittel benutzen,
3. ob es gemäß dem *Dhamma*, der Lehre des Buddha, also heilsam ist, das heißt weder uns noch anderen schadet, sondern hilft,
4. ob das Mittel den Zweck erfüllt hat.

Anhand dieser vier Schritte können wir unsere Gedanken, Worte und Handlungen prüfen, ob sie es wert sind, beibehalten und weitergeführt zu werden.

Es lohnt sich, diese vier Schritte sich zu eigen zu machen. Sie verlangsamen instinktive, impulsive Reaktionen, mit denen wir uns nur Schwierigkeiten und Reue einhandeln würden. Auf sich selber aufpassen wird so zur Selbstverständlichkeit.

Wie ich schon einmal sagte: Wenn unser Alltag harmonisch und friedlich zugeht, haben wir auch eine Chance, unsere Meditation harmonisch und friedlich zu gestalten. Achtsamkeit im Alltag und Meditation müssen sich gegenseitig unterstützen. Wir dürfen nicht erwarten, den Tag über wild durcheinander zu denken, zu reden und zu agieren und bei der abendlichen Meditation in die dritte Vertiefung zu kommen.

Die Stunden des Tages, die wir nicht meditieren, dürfen

nicht vollkommen abseits vom spirituellen Pfad stehen. Wir sollten jederzeit unser geistiges Wachstum im Auge haben.

Unser Geist verdient sorgfältigste Behandlung und die höchste Position, die wir zu vergeben haben. Nichts anderes hat irgendeinen Wert. Im Geist ist der Samen der Erleuchtung.

Die meisten Menschen behandeln den Geist, als existiere er gar nicht oder wäre nur ein Medium zum Geldverdienen. Daß er ein wertvolles Juwel ist, ahnen die meisten nicht einmal, geschweige daß sie es würdigen.

Als Meditierende sind wir fähig, uns ständig daran zu erinnern und den Geist gebührend zu behandeln, indem wir ihm nie etwas zuführen, das schädlich sein könnte. Und wenn es doch einmal passiert, müssen wir die unheilsamen Gedanken sofort wieder fallenlassen und durch heilsame ersetzen.

Achtsamkeit ist der Weg, Spiritualität in unser Leben zu integrieren, sich dank ernsthaft betriebener Meditation weiterzuentwickeln.

Viele Menschen meditieren zwar, kommen aber innerlich nicht voran, ändern sich nicht. Sie benutzen die Achtsamkeit nicht, vor allem auf die Gedanken und den Inhalt der Gedanken, sondern lassen sie weiter in den alten Gleisen laufen.

Wollen wir auf unserem Weg vorankommen, müssen wir uns also eine *meditative Haltung* zu eigen machen, eine Haltung des Beobachtens, der Achtsamkeit.

Dann können wir der Fels in der Brandung sein. Das ist nicht nur eine große Hilfe für uns selber, sondern auch für andere, die mit der Strömung dahintreiben und sich von Zeit zu Zeit bei uns ausruhen wollen.

Meditatives Leben bedeutet aber noch mehr. Es bedeutet den Wert der Armut erkennen. Nicht daß ihr nun euer Bankkonto löschen sollt. Gemeint ist ideelle, geistige Armut: arm sein an Ansichten, Vorurteilen, Standpunkten. Je mehr Vorstellungen man hat, desto verwirrter ist man.

Wenn wir ideellen Reichtum genauso für unser Eigen halten wie materiellen, sind wir ständig damit beschäftigt, auch ihn zu beschützen und zu wahren, indem wir andere überzeugen wollen oder uns die Leute aussuchen, die sowieso schon dasselbe meinen und glauben wie wir, und uns über die ärgern, die anderer Meinung sind.

Sicherheit, die jeder sucht, kann man weder durch Versicherungsprämien erlangen noch durch andere Menschen und schon gar nicht durch materielle und ideelle Güter. Man findet sie nur in den eigenen Reaktionen.

In der Meditation auf Gefühle nicht zu reagieren, liebende Güte zu praktizieren ist einfach. Der Test kommt in der realen Situation, wenn zum Beispiel einer vor uns steht und uns beschimpft oder bedroht. Es gibt nichts Interessanteres, als sich ganz scharf zu beobachten: Wie fühle ich mich zum gegenwärtigen Zeitpunkt? Und wie fühle ich mich nach einiger Zeit weiterer Praxis? Anfangs muß man gehörig aufpassen, daß man nichts sagt oder tut, woran sich ein Streit entzünden könnte. Nach einer Weile der Übung macht es schon gar keinen so großen Eindruck mehr auf uns, was ein anderer sagt oder tut. Am Ende der Praxis schließlich rufen Unhöflichkeiten, Grobheiten, Unverschämtheiten anderer nichts weiter in uns hervor als Mitgefühl mit deren schlechtem *Karma,* das klare Gefühl: „Schade, daraus kann nichts Gutes entstehen."

Dabei muß man sich immer vor Augen halten, daß der Buddha über *Karma* gesagt hat, es sei noch lange nicht das gleiche, wenn zwei das gleiche tun. Er hat das so ausgedrückt:

Ein Teelöffel Salz, in eine Tasse Wasser geschüttet, macht dieses Wasser ungenießbar; ein Teelöffel Salz im Ganges jedoch macht für das Wasser im Fluß überhaupt keinen Unterschied.

Der Teelöffel Salz ist schlechtes *Karma.* Wenn man nur

eine Tasse voll gutes *Karma* hat, ist das Ganze ungenießbar. Hat man indes schon einen ganzen Fluß voll guten *Karmas,* merkt man keinen Unterschied.

Obwohl es einem leid tut, daß der andere schlechtes *Karma* macht, muß man sich hüten zu denken, „na, der wird's jetzt kriegen"! Vielleicht kriegt er gar nichts; es geht uns nichts an. An uns ist nur, ihm mit Mitgefühl und liebender Güte zu begegnen und uns um unser eigenes gutes *Karma* zu kümmern. Der Buddha hat einmal folgendes Gleichnis gegeben:

Wenn man ein Verbrechen begangen hat und vor den Richter kommt, werden einem die Freunde den Rücken kehren, die bloß Schönwetterfreunde waren und sich nur um einen gekümmert haben, wenn sie sich einen Vorteil davon versprachen. Ein paar andere Freunde begleiten einen vielleicht bis zum Gericht und machen dann kehrt. Einige, vielleicht die Verwandten, kommen mit in den Gerichtssaal, und nur ganz wenige werden auch nach der Verurteilung noch innige Freunde bleiben.

Diese wahren Freunde, die einem immer zur Seite stehen, sind die eigenen guten Taten, das gute *Karma,* das man gemacht hat. Sie sind auf der weltlichen Ebene gute Taten aus einem einzigen Grund: Sie sind nicht selbstbezogen, lassen das Ego einmal fallen. Obwohl gute Taten hilfreich sind, bringen auch sie uns keine vollkommene Sicherheit.

Ich möchte zum Schluß noch auf ein paar praktische Dinge zum Meditieren im Alltag eingehen.

Ihr solltet euch zur Gewohnheit machen, immer zur gleichen Zeit am selben Platz zu meditieren. Meditation ist nichts anderes als geistige Hygiene. Wenn wir körperlich hygienisch leben wollen, müssen wir verstehen, daß wir auch geistig hygienisch leben müssen, unseren Geist säubern und klären, so daß wir unsere Bewußtseinsebenen erhöhen können.

Wie das Badezimmer zur Pflege des Körpers da ist und alles dafür bereitsteht, so daß man sich nur zu bedienen braucht, sollte man entsprechend eine Ecke zum Meditieren einrichten. Sie braucht nicht größer zu sein als die Sitzunterlage. Laßt euer Sitzkissen dort liegen. Wir nehmen ja auch die Stühle nicht jedesmal vom Eßtisch weg. Man kann die Meditationsecke ganz nach Wunsch ausgestalten, zum Beispiel mit Blumen, einer Buddha-Statue, einem schönen Bild, oder auch leer lassen, was immer euch gefällt.

Die äußeren Umstände sind dann gegeben. Dazu gehört ein Wecker, der nicht laut tickt, den man auf eine dreiviertel oder volle Stunde einstellt. Ohne Uhr meint man vielleicht, man sitze mindestens anderthalb Stunden, steht auf, geht in die Küche, guckt nach ... ganze zehn Minuten. Dann bleibt man natürlich in der Küche und macht Frühstück. Solange der Wecker noch nicht geklingelt hat, bleibt man eben sitzen.

Werturteile, die wir geneigt sind abzugeben – „es war eine gute/schlechte Meditation“, „es lohnt sich ja doch nicht, ich kann mich nicht konzentrieren“ oder „ich habe zu viele Gedanken im Kopf, ich muß erst mit all meinen Problemen fertig werden, ehe ich meditieren kann“ –, sind völlig überflüssige Selbstkritiken. Das wichtigste ist die Absicht, sich zu konzentrieren, zu läutern, den Geist auf eine andere Bewußtseinsebene zu bringen. Ob es funktioniert oder nicht, ist eine Zeitfrage.

Es ist gut und wichtig, eine jede Meditation mit *liebender Güte* anzufangen, auf jeden Fall für sich selber und diejenigen, mit denen man zusammenlebt. Sie sind zwar die Nächsten und in der Regel auch die Liebsten, aber gerade durch diese Nähe kommen sie einem auch am meisten in die Quere. Da wir geneigt sind, andere für unsere Unzufriedenheit verantwortlich zu machen, suchen wir uns natürlich die Nächsten aus – wen sonst? Würden wir unsere Anschuldigungen in die Weite werfen, kämen sie womöglich nicht an.

Die *Liebende-Güte-Meditation* reinigt die Gefühls-Atmosphäre, die man dann in sich selber empfindet. Denn liebende Güte ist die einzige Basis, auf der man zusammenleben kann. Leidenschaftliche und sexuelle Liebe sind Teilgeschehnisse, die im Leben ihren Platz haben, aber kein Fundament sein können; es ist vorübergehende und vor allem anhaftende Liebe. Wenn man sich jeden Morgen daran erinnert, daß ein erfülltes Zusammenleben nur auf der Basis nicht anhaftender liebevoller Zuneigung möglich ist, hat man natürlich eine viel bessere Chance, diese Liebe zu verwirklichen. Wenn gar der Partner mitmeditiert, ist das ein sehr schöner Tagesanfang und -ausklang.

Man sollte möglichst vor dem Essen meditieren oder zwei Stunden danach; mit vollem Magen ist es schwierig.

Baut die Meditation in euren Tagesablauf ein als eine ebenso gewohnheitsmäßige Handlung wie Zähneputzen. Meditieren ist wichtiger als Zähneputzen. Ihr habt bestimmt Zeit für beides.

Was ist das überhaupt, *Zeit*? Nichts weiter als eine Aufteilung, die wir uns zwischen Aufwachen und Schlafengehen selber machen, abgesehen davon, daß wir vielleicht einem Achtstundenjob für unseren Lebensunterhalt nachgehen. Der Tag hat aber vierundzwanzig Stunden. Wenn wir also acht arbeiten und sechs schlafen, was völlig ausreicht, verbleiben zehn. Es wäre lachhaft, davon nicht mindestens morgens und abends eine Stunde für Meditation übrig zu haben.

Man muß sich darüber klar sein, daß die konzentrierten Geisteszustände nur weiterzuführen und zu verbessern sind, wenn man ganz eisern täglich meditiert.

Es ist wichtig, sich seinen Tagesablauf klar vor Augen zu halten und einen Plan aufzustellen, wie man ihn einteilen will. Nicht um sich dann sklavisch daran zu halten; ein Plan ist geeignet, Ordnung in Chaos zu bringen.

Für diejenigen, die niemanden haben, mit dem sie zusammen meditieren und über Meditation, *Dhamma*, den Pfad sprechen können, gibt es verschiedene Hilfsmittel.

Das erste: Es ist sehr günstig, eine Gruppe zu finden, und mag sie noch so klein sein; bereits zwei machen eine Gruppe aus. Wenigstens einmal in der Woche mit anderen meditieren, sehen: sie machen das gleiche und sind von der Wichtigkeit genauso überzeugt wie ich selber, hilft sehr. Zumal in einer Gesellschaft, die einen womöglich für verrückt erklärt, wenn man meditiert. Man braucht also *noble Freunde*, um sich gegenseitig zu stützen und aufzumuntern, braucht mindestens einmal in der Woche den Energiezuschuß, der von einer Gruppe kommt. Keiner hätte hier im Meditationskurs so lange und so oft gesessen, wenn wir nicht alle gesessen hätten – dank der Gruppenenergie.

Könnt ihr keine Gruppe finden, ist es an euch, eine zu starten.

Auch wenn die anderen nicht dieselbe Art Meditation machen und nicht den gleichen spirituellen Pfad gehen – die Hauptsache ist, sie wollen auch meditieren, meinen es ehrlich und wollen einen nicht von ihrem eigenen Pfad überzeugen.

Hat man Gleichgesinnte gefunden, mit denen man sich gut versteht, ist es hilfreich, gemeinsam auch die Lehre zu besprechen. Aber nicht argumentieren über „Was bedeuten diese Lehrreden?"! Das ist eine ganz gefährliche Geistesabwendung, aufgebaut auf Ansichten, die deshalb falsch sind, weil das Ego sie verfärbt.

Ich erwähne das so ausdrücklich, weil es eine wirkliche *Gefahr* ist: Wer viel über die Lehre des Buddha gelesen hat, möchte sie vielleicht diskutieren, und am Ende streitet man, wie dieses oder jenes gemeint sei.

In Deutschland wird seit etwa hundert Jahren über des Buddha Worte gesprochen; es ist an der Zeit, sie zu leben, und wenn man meditiert, wird man sie eines Tages auch richtig verstehen.

Sprecht mit euren Freunden darüber, wie die Lehre sich in euch selber verwirklicht hat, was ein jeder von euch selber verstanden und sich zu eigen gemacht hat.

Zum Beispiel: Ihr habt Ärger gefühlt, wart aber in der Lage, ihn nicht zum Ausdruck zu bringen und auch nicht zu unterdrücken, sondern in liebende Güte umzuwandeln; berichtet, wie ihr es gemacht habt, wie lange es gedauert hat, wie ihr euch hinterher gefühlt habt.

Darüber kann man nicht argumentieren; es ist so. Was der Buddha in der *Lehrrede von der liebenden Güte* gesagt hat, ist wunderschön, aber wichtiger ist, was man im eigenen Herzen sagt.

Hilfreich sind ferner gute Bücher über die Lehre. Sie können das Praktizieren natürlich nicht ersetzen, aber uns daran erinnern.

Der Buddha hat vier verschiedene Arten Meditierende unterschieden: Die erste muß lange praktizieren, hat dabei viel Leid *(dukkha)* und kommt sehr langsam zu irgendwelchen Erfolgen.

Die zweite braucht nicht lange zu praktizieren; sie hat dabei zwar auch viel Leid, kommt aber rasch zum Erfolg.

Die dritte muß lange praktizieren; sie hat dabei viel Freude *(sukha),* aber es dauert sehr lange, bis sich Erfolg einstellt.

Die vierte schließlich braucht nur kurze Zeit zu praktizieren, erlebt dabei viel Freude und erzielt ganz schnell Erfolge.

Ich hoffe, daß ihr alle zu dieser letzten Kategorie gehört.

Fragen und Antworten

F: Mir ist noch nicht ganz klar dieser qualitative Sprung vom Denken – Vorstellung, Gedankenkraft, Erkennen, Klarblick – zur Veränderung. Es ist enorm schwierig für mich, in meinem Leben etwas zu verändern. Da ist noch etwas dazwischen.

A: Zwischen dem intellektuellen Verstehen und dem wirklichen Verändern liegt das innere Nachvollziehen, das heißt Realisieren in kleinen Schritten. Wenn man etwas hört oder liest, was einem sinnvoll erscheint, muß man sich das zuerst einmal merken oder zumindest aufschreiben und immer wieder lesen. Dann soll man sehen, ob es eine Beziehung zu dem hat, was in einem selber vorgeht. Wenn ja, kann man etwas damit anfangen, immer und immer wieder, bis es eine Änderung hervorgerufen hat. Es geht also vom Kopf zum Herz, vom Intellekt zum Gefühl, aus dem auch die Weisheit kommt. Man braucht dazu am Anfang etwas Wissen. Wer zum Beispiel am spirituellen Leben interessiert ist, sollte sich ein gewisses Wissen darüber aneignen. Weisheit macht man sich erst zu eigen, indem man effektiv praktiziert, so daß man im Rückblick die Veränderung erkennen kann.

Zwischen Verstehen und Verändern liegen Widerstände, die daher kommen, daß wir nicht nur in diesem, sondern in vielen, vielen Leben gewohnheitsmäßig so gedacht haben wie jetzt.

Darum rate ich immer wieder: Schaut alles an, als wäre es noch nie dagewesen. Wir müssen wieder zum Kind werden, aber nicht mit dem Unverstand eines Kindes, sondern mit dem Vorteil, daß wir einen schon gereiften Verstand haben, nur leider überdeckt mit unseren althergebrachten Ideen. Ein Kind weiß nicht, was innen und außen vorgeht, und sieht es neu, kann es wohl erleben, aber durch den nicht gereiften Verstand nicht erkennen. Wir können erkennen, aber nicht erleben. Wir müssen beides zusammenbringen, dann weicht der Widerstand von selbst.

Liebende-Güte-Meditation

Laßt Dankbarkeit in euch aufsteigen, daß es euch möglich ist, diesen spirituellen Pfad zu gehen, und ein Gefühl der Ehrerbietung gegenüber einer Möglichkeit, die so wenigen Menschen gegeben ist; empfindet Ehrerbietung gegenüber der Wahrheit, die im Universum und so auch in uns enthalten ist.

*

Empfindet Dankbarkeit dafür, daß ihr euer Herz geöffnet habt und euer Leben so gestalten könnt, daß das Ideal der Lehre darin Einzug halten kann. Wenn diese Dankbarkeit im Herzen aufsteigt, fühlt Liebe und Vertrauen zu der Anstrengung, die mit dem Weg verbunden ist. Liebe, Vertrauen und Dankbarkeit füllen euer Herz mit Wärme und Freude.

*

Laßt die Dankbarkeit zu den Menschen gehen, die mit euch meditieren; das Vertrauen, daß es eure Freunde sind, und die Liebe, die daraus entsteht.

*

Laßt die Dankbarkeit zu euren Eltern gehen für alles, was sie für euch getan haben, und die Liebe, die daraus entspringt.

*

Denkt an die Menschen, die euch am nächsten stehen, mit Dankbarkeit, Vertrauen und Liebe für alles, was sie für euch getan haben.

*

Denkt nun an all eure guten Freunde und laßt die Dankbarkeit des Herzens zu ihnen gehen, daß sie eure Freunde sind, das Vertrauen in sie und die Liebe, die daraus erwächst. Füllt damit ihr Herz.

*

Empfindet Dankbarkeit für all die Menschen, die ihr hier und da seht und sprecht. Dankbarkeit dafür, daß auch sie einen Teil eures Lebens ausmachen; das Vertrauen, daß sie eure Freunde sind, und die Liebe, die daraus entspringt. Füllt sie alle damit.

*

Denkt an jemanden, der euch Schwierigkeiten gemacht hat. Seid ihm dafür dankbar, weil ihr daraus lernen konntet.

*

Denkt an alle Menschen, die ihr je getroffen habt, hier oder auf Reisen, in der Nähe oder Ferne, wo immer sie auch seien: Laßt Dankbarkeit in euch aufsteigen, daß sie eure Zeitgenossen sind und ihr ihnen begegnet seid. Macht alle zu euren Freunden, empfindet Liebe für sie, so daß sie sich davon angefüllt fühlen.

*

Lenkt die Achtsamkeit wieder auf euch selber. Laßt Dankbarkeit zu *Buddha, Dhamma, Sangha* in euch aufsteigen, die es euch ermöglicht haben, euer Herz zu füllen mit der Größe der Lehre und der Praxis der Meditation.

Mögen alle Wesen glücklich sein.

Glossar

Pāli-Begriffe lassen sich nicht vollkommen deckungsgleich in eine westliche Sprache übersetzen. Die folgenden Erklärungen sind dem *Buddhistischen Wörterbuch** von Nyanatiloka Mahathera entlehnt.

Zur Einführung in die Lehre des Buddha sei auf *Buddha ohne Geheimnis. Die Lehre für den Alltag* von Ayya Khema verwiesen.

Anāgāmi: „Nicht-Wiederkehrer"; dritte der vier Stufen auf dem Weg zu *Nibbāna.*

Anattā: „Nicht-Selbst", „Nicht-Ich", „Substanzlosigkeit", „Ichlosigkeit", „Leere". – Die Lehre von *anattā* besagt, daß es weder innerhalb noch außerhalb der körperlichen und geistigen Daseinserscheinungen irgend etwas gibt, das man im höchsten Sinne als eine für sich bestehende unabhängige Ich-Wesenheit oder Persönlichkeit bezeichnen könnte. – Eines der drei Daseinsmerkmale.

Anicca: „Vergänglichkeit", „Unbeständigkeit"; eine Grundeigenschaft aller bedingt entstandenen Erscheinungen, seien sie körperlich oder geistig, grob oder fein,

* Nyanatiloka, *Buddhistisches Wörterbuch,* Konstanz, 1952. (*Buddhistische Handbibliothek,* Bd. 3.)

in der Innen- oder Außenwelt. – Eines der drei Daseinsmerkmale.

Arahat/Arahant: Vollkommen Heiliger, der von allen Fesseln frei ist. Vierte und letzte Stufe auf dem Weg zu *Nibbāna.*

Bhāvanā: „Geistesentfaltung"; meistens ungenauer Weise als „Meditation" bezeichnet. Man unterscheidet zweierlei Geistesentfaltung:

1. „Entfaltung der Gemütsruhe" (*samatha-bhāvanā*), d.h. Entfaltung der Sammlung (*samādhi-bhāvanā*),
2. „Entfaltung des Hell-/Klarblicks" (*vipassanā-bhāvanā*), identisch mit Entfaltung des Wissens (*paññā-bhāvanā*).

Dāna: „Geben, Gabe", „Almosenspende", „Freigebigkeit", „Großzügigkeit".

Dhamma: Wörtlich das „Tragende"; „Vertrag", „Brauch". „Lehre des Buddha"; „Naturgesetz", „Gesetz", „Wahrheit"; „Daseinserscheinung". – Der *Dhamma* als das vom Buddha erkannte und verkündete Gesetz ist zusammengefaßt in den sogenannten Vier Edlen Wahrheiten.

Dukkha: „Leiden", „Leidunterworfensein", „Unbefriedigtsein", „Unzulänglichkeit", „Elend, Übel"; „Existenzangst". – Eines der drei Daseinsmerkmale und die erste der Vier Edlen Wahrheiten.

Erleuchteter → Arahat.

Iddhi: „Magische Kräfte". – Als „edle Macht" (*ariyā-iddhi*) gilt die Fähigkeit, seine Vorstellungen so zu beherrschen, daß man Widerliches als nichtwiderlich und Nichtwiderliches als widerlich betrachten mag und dabei gleichmütig bleibt.

Jhāna: „Vertiefung"; „meditative Vertiefung", „Ruhe-Meditation". – Im weitesten Sinne jeder durch intensive Konzentration (→ *samādhi*) auf ein einziges geistiges oder körperliches Objekt (→ *bhāvanā*) hervorgerufene Versenkungszustand des Geistes. Im besonderen Bezeichnung für die vier feinkörperlichen und die vier formlosen Vertiefungen.

Karma: (Sanskrit; Pali: *kamma*), wörtl. „Wirken, Tat" – bezeichnet genau genommen den die Wiedergeburt erzeugenden oder Charakter und Geschick der Wesen beeinflussenden heilsamen oder unheilsamen Willen sowie die damit verbundenen Geistesfaktoren. Dieser karmische Wille äußert sich in körperlichen Taten, in Worten oder bloß in Gedanken. *Karma* bedeutet also keineswegs das Ergebnis des Wirkens oder gar das Schicksal von Menschen und ganzen Völkern, wie im Westen oft angenommen wird.

Karmaformationen: In Werken, Worten und Gedanken auftretende heilsame und unheilsame Willensäußerungen/Absichten.

Khandha: „Gruppen", „Daseins-" oder „Anhaftungsgruppen" nennt man die fünf Gruppen, in die der Buddha die dem oberflächlichen Beobachter eine Persönlichkeit vortäuschenden gesamten körperlichen und geistigen Daseinserscheinungen eingeordnet hat:

1. Körper
2. Gefühl
3. Wahrnehmung
4. Gedanken
5. Sinnesbewußtsein

(2.–5.) = Geist

Mettā: „Liebende Güte", „Liebe", „Allgüte", „liebevolle Zuwendung".

Nibbāna: Wörtl. das „Erlöschen" – das höchste und letzte Ziel alles buddhistischen Strebens, d. h. das restlose „Erlöschen" alles in Gier, Haß und Verblendung sich äußernden, das Leben bejahenden und sich krampfhaft daran klammernden Willenstriebes, und damit die endgültige, restlose Befreiung von allem künftigen Wiedergeborenwerden, Altern und Sterben, Leiden und Elend.

Nichtwiederkehrer → Anāgāmi.

Nirodha: „Erlöschungszustand“, auch genannt „Erlöschung von Wahrnehmung und Gefühl“.

Paññā: „Erkennen, Einsicht“; „Wissen, Weisheit“.

Papañca: Wörtl. „Ausbreitung“; „Weitschweifigkeit“, „ausführliche Auseinandersetzung“, „Entfaltung“, „Mannigfaltigkeit“, „Vielheit“ (Welt).

Samādhi: „Sammlung, Konzentration“; das Gerichtetsein des Geistes auf ein einziges Objekt (Einspitzigkeit). – Vgl. *bhāvanā.*

Samatha: „Ruhe, Gemütsruhe“; ein Synonym von → *samādhi.* – Vgl. *bhāvanā.*

Saṁsāra: „Der Kreislauf der Wiedergeburten“; wörtl. „beständiges Wandern, Daseinswanderung“. *Saṁsāra* bezeichnet das ewig rastlose, auf- und niederwogende Meer des Daseins, den scheinbar unauflöslichen Prozeß des immer wieder und wieder Geborenwerdens, Alterns, Leidens und Sterbens.

Sangha: Wörtl. „Schar“. Bezeichnung für die Mönchs- und Nonnengemeinschaft sowie für die Gefährten auf dem spirituellen Weg.

Sīla: „Sittlichkeit“, „Tugend“, „moralisches Verhalten“.

Stromeingetretener/Stromeintritt: Die erste der vier Stufen auf dem Weg zur Verwirklichung des *Nibbāna.* – Die charakteristischen Eigenschaften eines Stromeingetretenen sind unerschütterliches Vertrauen zum Erleuchteten (*Buddha*), zur Lehre (*Dhamma*) und zur Jüngerschaft der Edlen (*Sangha*) sowie vollkommene Sittlichkeit.

Vipassanā: „Hellblick“, „Klarblick“ – das aufblitzende intuitive Erkennen der Vergänglichkeit, des Elends und der Unpersönlichkeit aller körperlichen und geistigen Daseinserscheinungen. (Vgl. *anicca, dukkha, anattā.*)

Visuddhi-Magga: „Weg zur Reinheit“. Kompendium der Buddha-Lehre, erstellt von Buddhaghosa im 5. Jh. n. Chr.